中学校社会サポートBOOKS

Performance Task

中野英水

1人1台端末に対応した中学校社会のパフォーマンス課題

明治図書

はじめに

ICT 機器の活用を振り返って～電子黒板の導入から1人1台端末の配備まで～

令和3年4月，コロナ禍による GIGA スクール構想実現の前倒しで1人1台端末が小中学校に配備された。それから2年が経ち，1人1台端末は，授業で欠かせない文房具の一つとして定着しつつある。

中学校においても，すでに小学校でタブレットを頻繁に使ってきたという生徒が入学してきた。スマートフォンやパソコンなどデジタルデバイスは家庭においてもはや家電並みの当たり前の物となり，それらに触れることは生徒の日常となっている。授業を担当される先生方においても教職員の平均年齢が一気に若返り，ICT 機器の活用が日常のこととなっている世代の先生が急増していることだろう。もはや ICT 機器活用が当たり前の生徒を，ICT 機器活用が当たり前になっている先生が教える時代になってきた。こういった流れによるのが，GIGA スクール構想であり，1人1台端末の活用であると考える。

しかし，急に ICT 機器が広がったのではない。それなりの年月と段階を経て今に至るのである。当たり前ということはとてもありがたいことなのであるが，当たり前が続くと，その価値や意味を忘れがちになる。平和の大切さや人権のありがたみを，当たり前の中で見失ってしまうように，ICT のありがたみも当たり前の中で見失いがちなような気がする。私は ICT 機器が教室に入ってきたそのちょうど前後に授業を行っていたので，ICT 機器のありがたみや，ICT 機器の広がりによる授業の変化を，身をもって感じてきた世代である。もはや当たり前となった1人1台端末の活用事例をご紹介する前に，私が経験してきた大きな変化をお話ししたいと思う。

今から15年くらい前のこと。教室に教育 ICT 機器が入り始めた頃のことである。当時，私が勤務する中学校にも電子黒板機能の付いた大型モニターが1台，電子黒板機能のない大型モニターが2台入った。当時の私は，黒船来航を遠くで眺める江戸庶民のように，その代物を「デ・ン・シ・コ・ク・バ・ン？」という感じで，はじめて見るものへの恐怖と好奇心が入り混じった気持ちで眺めていた。すでに電子黒板を活用していた社会科の仲間からその活用法を教えてもらったところから私の教育 ICT 機器利活用が始まる。その機能性や効率性など ICT 機器がもつこれまでの手法にはない利点に触れ，私の授業にとって ICT 機器は不可欠なものとなっていった。

しかし，そこで不安がよぎる。自分が独占している電子黒板を，他の先生から貸してくれと言われたらという不安である。私の授業にはもうなくてはならないものなのであるが，学校の共有物であるから「貸さない」というわけにはいかない。

教育 ICT 機器の利活用とは，それだけ授業を構成する重要な要素で，共有する性質のものではないと実感していた。この頃には，「本当に電子黒板の利活用を推進するなら，すべての教室に電子黒板を設置しないと進まない」という夢みたいなことも真剣に言っていた。平成25年 4 月，異動した学校で私の「夢」は叶った。異動した先は，すべての教科の授業を専用教室で行う教科センター方式の学校で，すべての教室に電子黒板機能付きのプロジェクターを備えていた。私は水を得た魚のように，ICT 機器をふんだんに活用する授業をつくっていったのである。

時が流れ，教育 ICT 機器活用に次の大きな波が来る。「タブレット」の導入である。当時の勤務校は，地区の教育 ICT 機器活用研究校だったので，他の学校に先駆けて平成26年にタブレットが導入されたのである。このことは，教育 ICT 機器の普及において大きな転換と捉えている。それは，授業者が活用する ICT 機器の普及に代わる，学習者が活用する ICT 機器の普及だからである。

社会科でのICT活用の進化

第1段階：主に教師が活用
電子黒板・デジタルスライド・実物投影機

第2段階：主に生徒が活用
タブレットPC → 一人一台端末

第3段階：さらに発展したICT
GIS（デジタルマップ等）やネット上のアプリケーション 3Dプリンター（地形の立体模型）、デジタルサイネージ

社会科での ICT 活用の進化・教育 ICT 機器の普及においては大きな転換がある

授業者が活用する ICT 機器は，どうしても提示が中心となるのであるが，学習者用 ICT 機器は提示だけでなく，活用の幅が格段に広がる。この幅は，授業づくりの幅の広がりである。授業づくりの選択肢が大きく広がることにつながる。しかし，ここでも課題に直面することになった。

当時の勤務校に最初に配備されたタブレットの数は，600人弱の生徒在籍数に対してたったの40台だった。学級数で言うと，40人学級が15学級ある学校規模に対し 1 学級分ということである。つまり，この40台を全校生徒で使い回すということなのである。その後，PC 教室にあったデスクトップ PC の入れ替えに際しタブレット型の PC に交換されたが，それでも80台であるから，共有物という性格は変わらない。当時はタブレットの使用を長期（1年間）と短期（3か月くらい）の2つで管理しながらやりくりしていた。ここでも「本当にタブレットの利活用を推進するなら，すべての生徒にタブレットを持たせないと進まない」という夢みたいな思いを抱いていた。

この頃，教科センター方式の関係で視察させていただいた京都にある私立の中学校に行ったときにもタブレットの話題になった。話の中で，タブレットの活用はすべての生徒が持たないと進まないということもあり，その中学校では入学時に3万円で学用品として購入してもらっているという説明を聞いたときはついため息がこぼれた。帰路の新幹線ではこのようなことを考えていた。

「私立の中学校はそれで解決だけど，公立の中学校はどうしたらいいのだろう…」

この後，経済産業省の方が，勤務校へ視察に来られたときに「タブレットを文房具の一つにする」というお話を伺った。そのときは正直，その意味を理解しきれなかったが，もうこの頃から大きな構想が動いていたのかと今になって思う。それは夢を実現する構想である。

平成28年頃の授業風景：共有物であるタブレットPCを2人1台で活用している

この後，いわゆるGIGAスクール構想の話題が大きくなっていく。「小中学生にタブレットを配布し1人1台端末の環境を創る」これは，まさに「タブレットを文房具の一つにする」ということであり，「本当にタブレットの利活用を推進するなら，すべての生徒にタブレットを持たせないと進まない」という夢の実現である。端末を共有することによって，アナログによる協働が促進するというメリットもあったが，600人弱の全校生徒に40台という厳しい環境で活用していたときには4人に1台とか2人で1台という使い方でしのぎ，無理をしたりアイデアを妥協したりするという残念なことも多くあった。

その我慢の状態から一気に脱する日が来たのである。勤務校は研究校であったこともあり，他校に先駆けて令和2年11月に1人1台端末が配備され，私も令和3年1月からの授業で活用を始めた。それは，2回目の夢の実現の瞬間だった。

1人1台端末が創る未来の授業

1人1台端末の配備で生徒に手渡された端末は，以前のタブレットPCとは似て非なるものだった。これまで配備されていた端末と大きく違う点は，クラウド上で活用することにある。このことは，タブレット活用の展開に大きく影響するところであり，かつての限られた台数のタブレットを生徒が共有していた頃とはまったく異なる点である。

情報はすべてクラウド上にあるため，端末がどこにあっても活用が可能である（さらに言うならばデバイスすらも選ばないのであるが，生活指導上スマートフォンや私物PCの持ち込みや使用に制限がある中学校では自由なデバイスの利用についてはまだハードルがある）。これは学習する場所が教室に限定されず，自宅でもどこでも可能だということである。さらに学習する時間も選ばない。いつでもどこでも学習が可能になった。これによって生徒は主体的に学習を計画・実行して成果を提出できる。この自由度を生かした授業展開が可能である。1人1台端末時代の授業は，学習する場所と時間を生徒が選択できる授業となった。

また，共有も自在であるということも大きいだろう。生徒がデバイスを持っているので自席にいながら誰とでもつながれる。協働学習は，机を集めた班活動のスタイルから脱却したのである。このことは，教室にいなくても授業に参加できるということにもつながる。何かしらの事情で学校に行けなかったり教室に入れなかったりしても，オンラインで授業を受けながらクラウドで協働作業に参加することができるのである。1人1台端末の活用は，深刻化する教育課題の解決に貢献することだろう。このように1人1台端末の配備は，授業の質を大きく変えることにつながるのである。

本書をお読みいただく皆様へ

本書は1人1台端末の活用とパフォーマンス課題の活用の2つを掛け合わせた，少々欲張りなテーマで執筆を進めてきた。

1人1台端末が小中学校に配備されて2年が経つが，その利活用が求められている。これは，1人1台端末の配備にあたって国，都道府県や区市町村といった自治体は，莫大な予算を投じていることもあるだろう。これら予算の源泉は税金であるので，効果的な活用を推進し，生徒の学力向上をはじめとした成果を上げることは必須であり，当然の要求である。であるので，今回はどちらかと言うと，1人1台端末の活用を軸にしながら，パフォーマンス課題を活用した授業づくり，単元づくりを考えたが，これは，あくまでも社会科の授業としての目標達成のための授業づくりを念頭に，１人１台端末を効果的に用いたということである。この点をぜひ，意識してお読みいただきたい。

１人１台端末の活用は，あくまでも手法であるので，１人１台端末の活用を目的にした授業とならないようお気を付けいただきたい。今回お示しした活用の仕方は，その単元の授業でしか使えないというわけではない。他の分野，他の単元でも活用できるものがたくさんある。また，すべて事例通りにというわけでもない。部分的に引用したり，変化を加えたりと，生徒の実態やお読みいただいた先生方の都合に合わせて様々に活用していただければと思う。先生方の授業づくりの一役を担い，生徒の皆さんの笑顔溢れる授業につながれば幸いである。

社会科の目標が達成されるような利活用を

本書の使い方

今回は，１人１台端末を活用した事例を，三分野それぞれの主要単元から合計24掲載した。各事例は６ページで構成し，共通の項目から成り立っている。以下に各項目の説明やその項目に関する事項を記述する。

（１）１人１台端末活用のポイント

その項目に関わる１人１台端末の活用についての概要や工夫点などについて掲載している。本書では，全国的に採用数の多い Google のソフトウェアを活用した事例とした。活用したのは Google の基本的なソフトウェアである Google ドキュメント，Google スプレッドシート，Google スライド，Google　Jamboard である。使用法に関しても基本的な機能を使っての活用とし，すぐに現場で実践できるものとなっている。使用場面は，授業の展開部で目標の達成に向けて考察を整理したり深めたりする場面と，授業の終末部で考察した結果をまとめて表現する場面のおおよそ２通りがある。デジタルの機能を生かして効率的，効果的に学習活動が進むような活用法を考えた。

また，事例で示した活用法は，その単元での活用に限るといったものではない。１人１台端末の活用は，あくまで設定された目標の達成に向かうための手法である。であるから，同様の効果を求める場面があるのであれば転用は可能である。例えば，地理❹世界の諸地域　南アメリカ州の事例では，Google　Jamboard 上に座標軸をつくり，お互いの考察を可視化しながらグループの仲間と協働してよりよい在り方を想像していく活動を示した。

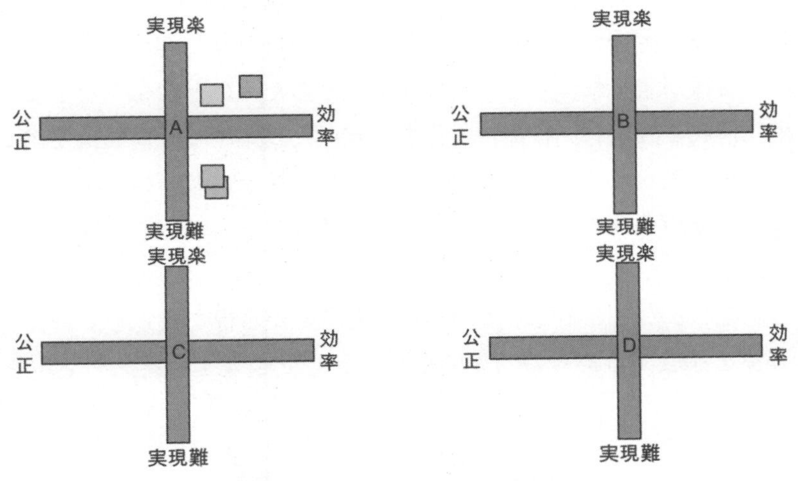

座標軸をつくり，お互いの考察を可視化する

この座標軸としての活用は，公民的分野の大項目A私たちと現代社会の中項目（2）現代社会を捉える枠組みの授業でも活用できるかと思う。

本書では事例として示していないが，任意に設定した事例を基に解決への選択肢をそれぞれ効率と公正を座標軸としたGoogle Jamboard上でお互いの考察を可視化しながら分析・比較し，対立から合意へと向かう上で最もよいと考えられる選択肢を議論する活動などが考えられる。

このように思考ツールを活用する上でより効率的に，協働的にするために1人1台端末を活用した事例は，かなりの汎用性があるだろう。本書に掲載した事例では，この座標軸のほか，ベン図，トライアングルチャートはあるが，他の思考ツール（例えば，クラゲチャートやフィッシュボーンチャートなど）を設定して用いれば無限の活用の広がりがある。本書での活用を一つのヒントとして捉え，そこから湧き上がる先生方のアイデアでさらに1人1台端末の活用を広げていただければと思う。

（2）単元の目標

ここには，事例としてあげた単元の目標が示されている。単元の指導計画を作成する場合，目標の設定が最重要であるので，必ずご確認いただきたい。本書では，様々な展開に配慮して，基本的には国立教育政策研究所から出されている「『指導と評価の一体化』のための学習評価に関する参考資料」の巻末に掲載されている「中学校社会科における『内容のまとまりごとの評価規準（例）』」に基づいて設定した。単元設計，授業設計は目標を定めるところから出発する。目標とは，言ってみれば「このような力を生徒に付けたい！」という授業者の願いである。願いのない活動は意味がない。これは単元の指導，授業の指導でも同じである。

本書をお読みいただいた先生方は，必ずこの目標をご確認いただき，その内容をご理解いただいた上で，対象となる生徒の実態や学校の状況などに合わせて再度，具体的に設定していただければと思う。目標が定まれば，その目標を達成するためにどのような工夫をするかという視点で授業や単元構成を設定し，目標に対して設定した授業や単元構成は妥当であったのか，課題は何かなどを振り返るという意味で評価をし，その評価に基づいて次の目標や方向性を定めていくという「授業づくりのPDCAサイクル」ができあがっていく。目標はまさにこのサイクルの出発点である。

この項目の記述をしっかりと確認してから授業者自身が目標を設定し，授業づくりの一環として，また，目標を達成するための効果的な手法として1人1台端末の活用をご検討いただければと思う。

授業づくりのPDCAの中に、一人一台端末の活用も入れ込む

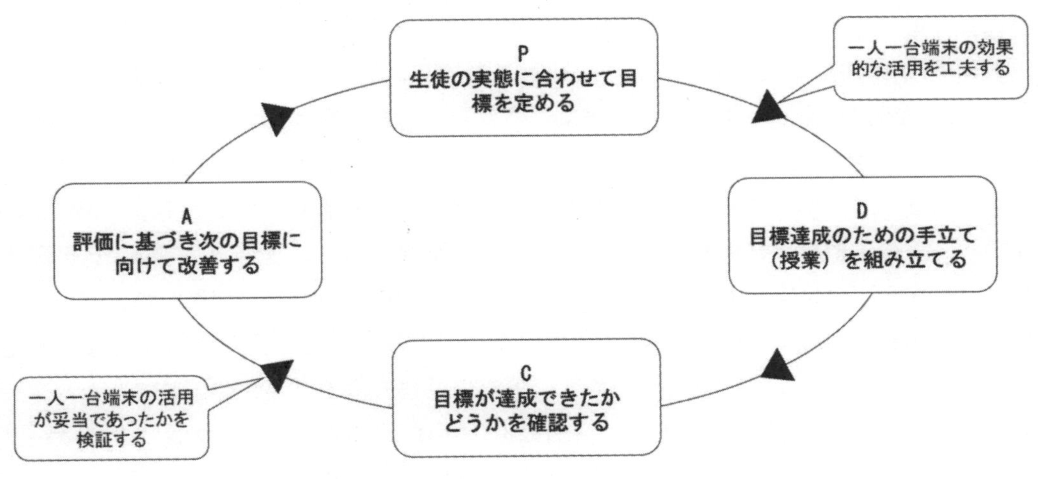

授業づくりの PDCA：目標設定―授業設計と実施―省察と評価―授業改善のサイクル

（3）単元の評価規準

上の授業づくりの PDCA の図にもある通り，設定した目標に対してその達成度を測るのが評価であるから，評価規準は基本的に目標の裏返しとなる。ここで単元の目標設定に合わせたものとして 3 つの観点に分けて掲載した。こちらも，国立教育政策研究所の参考資料に基づいて設定してある。評価と目標に関しては，学習指導要領の記載が根拠となるので，ぜひそちらも確認してほしいと思う。

授業設計では，こちらの評価項目に記載されていることを踏まえて設計し，その妥当性や達成度を評価してほしい。ルーブリックの項目でもお伝えするが，目標と評価との関係は密接なものであり，目標と評価を一連のものとして捉えていただけると単元設計や授業設計が整ってくると思う。

なお，学校教育法第30条第 2 項の「生涯にわたり学習する基盤が培われるよう，基礎的な知識及び技能を習得させるとともに，これらを活用して課題を解決するために必要な思考力，判断力，表現力その他の能力をはぐくみ，主体的に学習に取り組む態度を養うことに，特に意を用いなければならない」という規定にも着目し，「習得―活用―態度」の有機的なつながりを意識してもらえるといっそう単元及び授業の設計が強固なものとなる。

（4）単元の指導計画

単元の設計例を表組にしてお示しした。どの事例も活用がしやすいように 6 ～ 7 時間くらいの時数で検討した（地理的分野❻「日本の地域的特色と地域区分」などは例外的に10時間

以上の構成である）。どの単元も汎用性を考えてオーソドックスな単元構成を意識している（地理的分野❹「世界の諸地域（南アメリカ州）」は除く）。

単元指導計画の表は，主な学習活動と評価という項目で構成している。各授業の中身については紙面の関係で詳しく示せないので，主な学習活動には各授業の中心的な目標を，評価には主となる評価の規準を示してある。各授業の概要をこちらから捉えていただき，生徒や学校の事情に合わせて授業をおつくりいただければ幸いである。学習活動と評価を設定する際には，観点をはっきりとお示しするよう意識した。その授業が単元構成の中で例えば，習得なのか活用なのか，どの位置付けにあたるのかということは重要である。授業者の判断で入れ替えたり変更したりすることはかまわないが，全体の構成を考えながら適切に配置してほしいと思う。評価規準も紙面の都合上１つしか書かれていなかったり，単元を通じて設定がなかったりした観点もある。記載のない観点についても，実際の授業の中では適宜評価していただき，生徒の学力向上につなげてほしい。１人１台端末を活用する時間には，タブレットのマークを付けてある。授業展開例はこの時間となる。単元全体での位置を確認してほしい。

（５）授業展開例

単元指導計画の中で，タブレットのマークを付けてお示しした部分の内容を詳しく掲載している。パフォーマンス課題の設定とルーブリック，１人１台端末の活用を中心とした授業の展開について詳しく述べている。

①パフォーマンス課題

これまでのシリーズと同様に，事例にはそれぞれパフォーマンス課題を設定した。１人１台端末の活用を行った授業や，単元全体の学習を生徒が興味深く，意欲的に取り組み，設定した目標の実現に向けて，総括的に学習をまとめ上げる課題として設定している。パフォーマンス課題の設定の中には，１人１台端末の活用を十分意識してあるので，生徒の臨場感や雰囲気を盛り上げながら活用してほしい。

なお，今回は，歴史的分野⓬「中世の日本　室町時代」に，江戸幕府の将軍が室町時代を懐かしんで連歌の宴を催し，そこに歌人として参加するといったような非現実的な設定もあえて入れてみた。真正性，現実性という観点から見れば疑問を抱く先生方もいらっしゃるかと思うが，あえて架空の設定を仕掛けている。私が現場で感じた実感の中に，「〇〇についてあなたの考えを書きなさい」というような無機質の問いに対する生徒のモチベーションの低さがあった。実際の生徒の回答も，それを感じさせるものが多かった。学習に対する意欲は，すべての土台であると考えている。鉄道に興味を示した幼児が独学で山手線の駅名をすべて覚えてしまうように，意欲は学習の原動力と考えている。その学習に対する意欲を引き出すアイテムとして，パフォーマンス課題の設定を活用してもよいのではないかというのが私の考えである。

学習活動に興味を示し，楽しみながら活動を進めることは大事なことではないだろうか。社会科の内容に興味を示し，学習活動を楽しみながら進めていく先に，設定した目標の達成があるのであれば，それは大変素晴らしい授業ではないかと私は考え，この素晴らしい授業を実現する手法の一つがパフォーマンス課題であると思っている。

②ルーブリック

ルーブリックとは課題に対する評価基準のことであり，評価の指標のことである。パフォーマンス課題とルーブリックについては，その概要を前著書より以下に再掲載したので確認してほしい（中野英水（2019）『パフォーマンス課題を位置づけた中学校社会の単元＆授業モデル』明治図書）。今回の書籍は，１人１台端末の活用を第一に焦点化したためルーブリックによって評価する学習課題が，授業展開例でお示しした授業の中で登場しないものもあるので注意してほしい。特に１人１台端末を，目標達成に向けての考察場面などで使用した事例はそのようになっている。

パフォーマンス評価は，パフォーマンス課題とルーブリック（評価の指標）を生徒に示して課題に取り組ませ，示したルーブリックに基づき評価する評価方法の総称である。それぞれの言葉の解釈は，以下の通りである。

「パフォーマンス評価」

観察・対話・実技テスト・自由記述による筆記テストなどを手がかりとして，知識や技能の活用を含めた思考力・判断力・表現力及び態度などを総括的に評価する評価方法。

「パフォーマンス課題」

パフォーマンス評価を実施する際に提示する，具体的な事例を設定して構成された学習課題。習得した知識や技能を総合して活用する要素を含む。

「ルーブリック」

パフォーマンス課題に含めた知識や技能の活用を見極めるための要素を含む記述から構成されている評価の指標。

（先行研究をもとに，筆者が解釈）

評価の尺度は，これまでのシリーズと同様で３段階とした。実際に１人の授業者が忙しい校務の中で評価されるという学校現場の事情を意識しての設定である。また，今回は評価の観点を設定しているものの，一文の言葉で表現して自由度も多めに設定した。単元の学習の成果を活用しながら，生徒がより主体的で現実性をもった思考ができているかというあたりを評価するものとしている。

目標に対し，おおむね満足のいくレベルのものをB評価として，それよりも工夫がされていたり，主体性や現実性，具体性などの点において優れた考察をしたりしているものをA評価と設定した。実際に評価される授業者の視点でアレンジしながらお使いいただけるとありがたい。なお，ルーブリックの提示は必ず事前に行ってほしい。評価基準（評価規準）は目標と密接に関わっている。目標に準拠して設定された評価基準であれば，これは目標に近づくための具体的な道しるべとなる。どうか生徒に道しるべを示してあげてほしい。

よく「ルーブリックを先に提示するとみんなAになってしまう」「ルーブリックを先に提示するとみんな同じ回答になってしまう」と言って，事前の提示を躊躇する意見を耳にするが，それはどうだろうか。私たち教師は，生徒をランク付けするために授業や評価を行っているのではない。生徒を少しでも目標に近づけ，その成長をともに喜び合うために授業や評価をしている。極論を言えば，生徒全員がA評価に値する回答を提出したのなら，これは完全なる目標の達成として喜ばしいことだと思う。実際には一問一答のように，すべての回答がA評価とはなかなかいかないほど，パフォーマンス課題で設定した学習課題は総括的なものである。

パフォーマンス課題の回答という学習活動を通して，生徒の学力向上を目指していると考えてほしい。そう考えるならば，道しるべを示すことは妥当であると考えられるかと思う。評定のための評価ではなく，目標達成のための評価，生徒の学びの向上のための評価としてルーブリックをご活用いただければ幸いである。

（6）成果物の具体例と評価のポイント

ルーブリックの設定に基づいてA評価とB評価の具体例を筆者が作成し，そのポイントを示している。紙面の都合上，今回はポイントにあたる部分の表記を少なくして，具体例の部分に重点を置いた。ルーブリックの説明の中でも述べたが，今回設定したA評価とB評価の大まかな違いは，目標に対し，おおむね満足のいくレベルのものをB評価として，それよりも工夫がされていたり，主体性や現実性，具体性などの点において優れた考察をしたりしているものをA評価としたところにある。この主体性や現実性，具体性などの具体的なイメージをA評価の具体例とB評価の具体例を比較しながら読み取ってもらえればと思う。

どれもいろいろな記述の回答が生徒から提出されると思うが，評価者がアンカー作品を設定しながら比較・検討して評価してほしい。また，記述式の回答となっているので，「主体的な学習に取り組む態度」の評価にも活用できると考えている。生徒の記述の中から学習に対する粘り強い取組や自己調整，改善，深化の様子を読み取り評価してほしい。設定しながら比較・検討して評価してほしい。「主体的な学習に取り組む態度」の評価基準を用意し，評価の根拠となる記述を記録しながら，学期中に複数回の評価場面を設定して積み重ねれば，説明責任を果たせる客観的な評価となり，生徒の学力向上にもつながることだろう。

CONTENTS

地理的分野

歴史的分野

公民的分野

宇宙から地球を眺めている感覚で世界の地域構成を大観しよう

1人1台端末活用のポイント

本単元は，世界の地域構成の特色を多面的・多角的に考察しようという単元である。世界地図や地球儀の活用が求められるが，不自由な点も多く，1人1台で自由に活用することが難しいなど課題もたくさんある。これらの課題を解決するのが，Google が提供している Google Earth である。今回は地球儀を使用するときのように，地球全体が見える縮尺で，地球を宇宙から眺めるように観察する，また，Google Earth の様々な機能を活用して緯線・経線の構造を観察したり地球上での最短距離を実際に表示させたりして，これまでグループで地球儀を使って学習していたことを，1人1台端末によって個人単位での学習活動として実施する。また，宇宙から地球を眺める視点で，地球が自転している様子も観察でき，緯度によって太陽の光の当たり方の違いや高緯度地域で見られる白夜や極夜の仕組みを考察する。

単元の目標

位置や分布などに関わる視点に着目して，緯度と経度，大陸と海洋の分布，主な国々の名称と位置などを基に，世界の地域構成を大観し理解するとともに，世界の地域構成の特色を，大陸と海洋の分布や主な国々の位置，緯度や経度などに着目して，多面的・多角的に考察，表現し，世界の地域構成について，よりよい社会の実現を視野に，そこで見られる課題を主体的に追究している。

単元の評価規準

知識・技能
・位置や分布などに関わる視点に着目して，緯度と経度，大陸と海洋の分布，主な国々の名称と位置，世界地図の活用などを基に，世界の地域構成を大観し理解している。
思考力・判断力・表現力
・世界の地域構成の特色を，大陸と海洋の分布や主な国々の位置，緯度や経度などに着目して多面的・多角的に考察し，表現している。
主体的に学習に取り組む態度
・世界の地域構成について，よりよい社会の実現を視野に，そこで見られる課題を主体的に追究しようとしている。

単元の指導計画

時	主な学習活動	評価
1	**◆大陸と海洋の分布** 地球全体を観察し，大陸と海洋の分布の特色や世界の大きな地域区分などの特色を捉え，世界の地域構成を大観し理解する。	・位置や分布などに関わる視点に着目して，大陸と海洋の分布を基に世界の地域構成を大観し理解している。（知技）
2	**◆世界の国々の位置** 世界の国々の位置と分布，面積，国境線，地形などに着目しながら，世界の国々の様子を捉え，世界の地域構成を大観し理解する。	・位置や分布などに関わる視点に着目して，主な国々の名称と位置を基に世界の地域構成を大観し理解している。（知技）
3	**◆緯度と経度の仕組み** 緯度と経度の仕組みや緯度と経度を使った位置の示し方，緯度と経度の違いによる地域の特色などを捉え，世界の地域構成を大観し理解する。	・位置や分布などに関わる視点に着目して，緯度と経度を基に世界の地域構成を大観し理解している。（知技）
4	**◆世界地図の活用** 球体である地球の様子と平面である世界地図に描かれた地球の様子の違いに着目して，世界地図の活用における注意点を捉え，世界の地域構成を大観し理解する。	・位置や分布などに関わる視点に着目して，世界地図の活用を基に，世界の地域構成を大観し理解している。（知技）
5	**◆地球を眺めて** 学習の成果をまとめ，世界の地域構成の特色を多面的・多角的に考察するとともに，ロシア，アメリカ，ヨーロッパと日本の位置関係を観察して地政学的な観点から世界情勢を考察する。	・世界の地域構成の特色を，大陸と海洋の分布や主な国々の位置，緯度や経度などに着目して多面的・多角的に考察し，表現している。（思判表）

授業展開例（単元を通して）

（1）パフォーマンス課題

> **あなたは宇宙飛行士です。宇宙から地球を観察する任務を与えられ，宇宙船の窓から地球の姿を眺めています。**
>
> **そうしているところへ，地球の指令センターから任務遂行についての連絡が入りました。**
>
> **「宇宙船ジオグラフィー号，聞こえますか？　こちらは地球の指令センターです。無事，宇宙空間にたどり着き，地球の様子を眺めていることだと思います。宇宙から見える地球の様子はいかがでしょうか。それでは，今回の任務について説明します。今回の任務は，宇宙から地球を観察し，世界の地域構成に関する特色を明らかにすることです。宇宙から地球を眺め，実施すべきことを一覧にして送信しましたので確認してください」**

1日目	・地球上の大陸と海洋との分布を観察せよ
2日目	・地球上の地形の分布を観察せよ・大きな国と小さな国を比較せよ
3日目	・緯線や経線の様子を観察せよ
4日目	・オーストラリアとグリーンランドを比較せよ・地球上の最短距離を観察せよ
5日目	・地球の一日を観察せよ・ロシア，アメリカ，ヨーロッパの位置関係を観察せよ

> **「任務の一覧は確認できたかな。宇宙から地球を観察するという，地球上ではできない視点から行う任務なのでどれも熱心に観察してくれ。有意義な発見を指令センターでは期待している。それから地球に帰還した後で，今回のミッションの成果をまとめた報告書を提出してもらうぞ。宇宙から観察した成果を基にして，世界の地域構成の特色を多面的・多角的に考察した成果を報告するのだ。こちらもよろしく頼むよ」**
>
> **指令センターとの連絡を終えるとあなたは宇宙船の窓からさっそく地球を眺めました。**
>
> **「地球は丸いということは当たり前のように言っているけど，宇宙から見ると地球は本当に丸いな。地球上ではつい平面として考えがちだけど，誤解もあるかもしれないな」とあなたはこれまで思っていた当たり前の感覚から離れて，新たな気持ちで観察を始めました。**

（2）ルーブリック

	パフォーマンスの尺度（評価の指標）
A	・世界の地域構成の特色を，大陸と海洋の分布や主な国々の位置，緯度や経度などに着目して多面的・多角的に考察・表現し，よりよい社会の実現を視野に，そこで見られる課題を主体的に追究している。
B	・世界の地域構成の特色を，大陸と海洋の分布や主な国々の位置，緯度や経度などに着目して多面的・多角的に考察・表現している。
C	・多面的・多角的に考察・表現しているというには不十分な記述である。

（3）授業の流れ

単元の学習の冒頭でパフォーマンス課題を提示し，パフォーマンス課題にある設定で全5時間を進めていく。単元の指導計画で示した学習内容を進める中で，Google Earthによって観察する場面では，宇宙船から地球を眺めているという設定で授業を進めていく。この宇宙から地球を眺めるという視点が，地球全体を球体として捉え，地図の活用からくる誤解を生じさせないことにつながるので留意してほしい。

なお，本単元では全5時間のすべてでGoogle Earthを活用して授業を進めるので，各時間での用法について示していく。

第1時◆大陸と海洋の分布

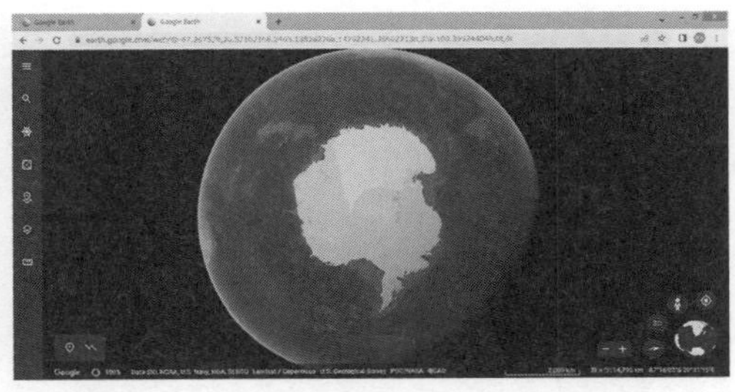

北極点，南極点から見た地球：メニューから雲や位置情報などをオフにしておくと見やすい

地球上の大陸と海洋の分布を捉えさせるために，Google Earthを立ち上げて，地球全体が見えるくらいの縮尺で観察させる。まず，自由に地球を回転させて眺めた後，北極点の方からと南極点の方からの2つの視点を比較させる。

ここから北半球に多くの大陸が，南半球に多くの海洋が分布していることを読み取らせ，大陸と海洋の分布には偏りがあること，そこから人類の多くは北半球で生活していることを理解させる。この理解は，北半球と南半球での季節の違いや文化・生活の違いにつながってくることになるので大切にしたい。

第2時◆世界の国々の位置

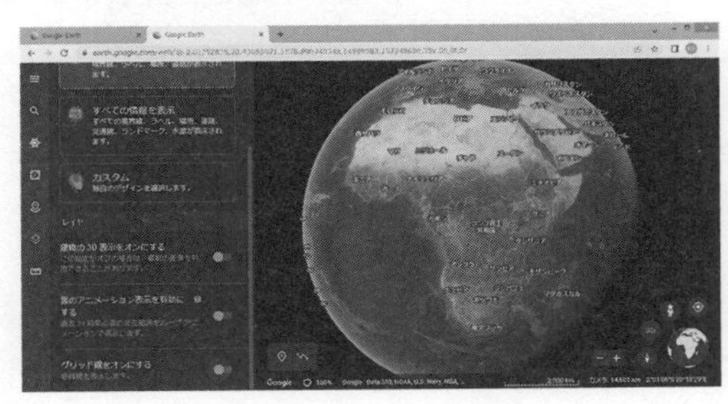

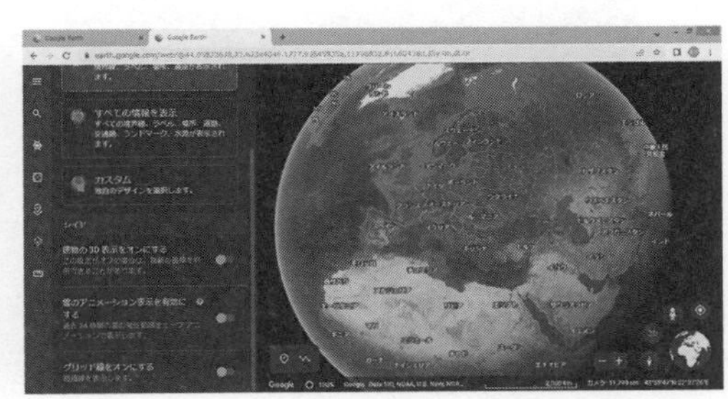

世界の国々の位置を確認するときにGoogle Earthを使えば，地球上のどの位置にあるかということがより明確に理解できる。また，地勢の表示も重なっているので，どのような地形の国かということも併せてわかり，生活の違いが想像でき，次の世界各地の人々の生活と環境の学習につながる。それから州ごとに比較すると，相違点が明確に見えてくる。

第 3 時◆緯度と経度の仕組み

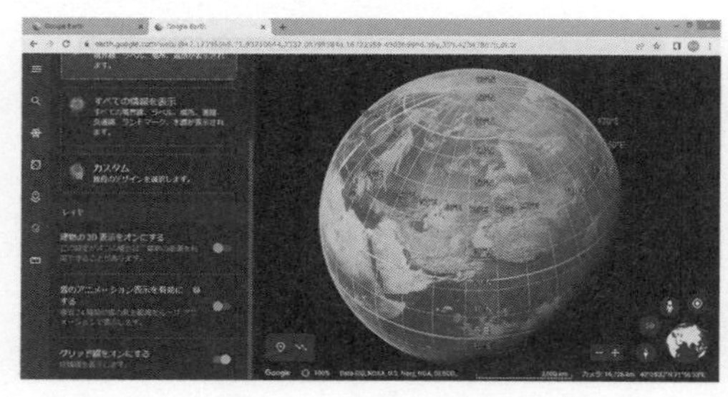

教科書の資料を活用して説明した後，Google Earth を自由に使いながら緯度と経度，緯線と経線の仕組みについて，体感的に理解させる。左のメニューから「地図のスタイル」→「グリッド線をオンにする」を選択すると緯線・経線が表示される。生徒には，「緯線・経線を自動的に表示させるスコープを使って観察する」と言って，パフォーマンス課題の設定を守る。

第 4 時◆世界地図の活用

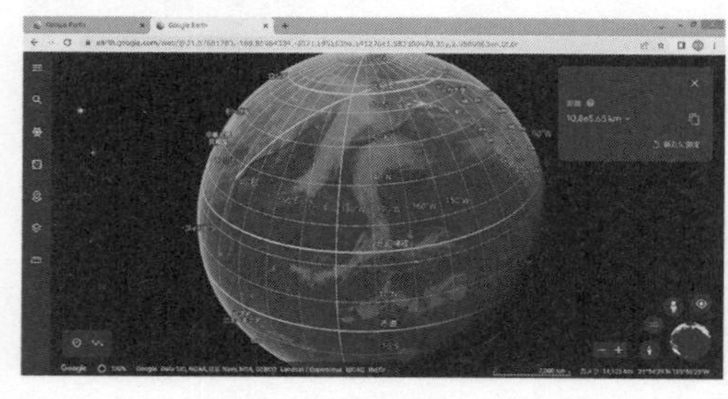

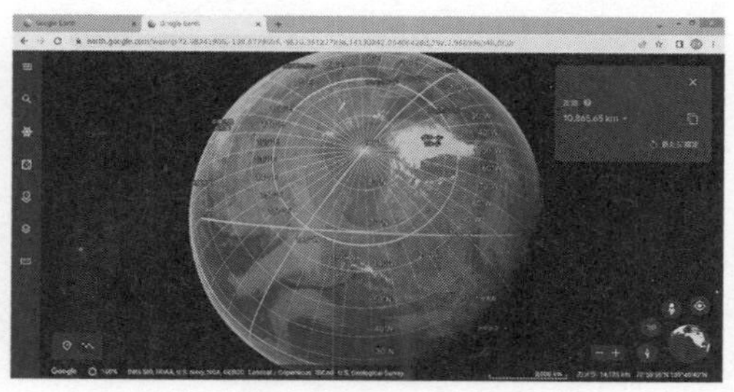

本時では，世界地図の性格や不正確な部分から世界地図の適切な活用法について理解させるが，実際の地球と世界地図との比較を Google Earth で行う。距離表示機能を使って東京ニューヨークの最短距離を表示させ，北極圏を通るルートが最短であり世界地図とは異なることを理解させる。また，大きさを比較するなどの活動も容易にできる。

第 5 時◆地球を眺めて

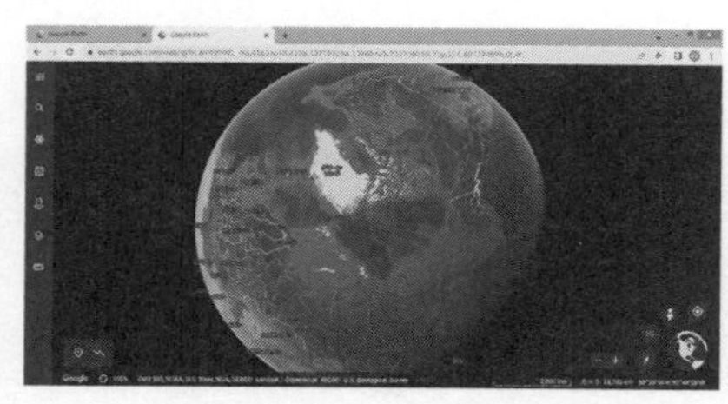

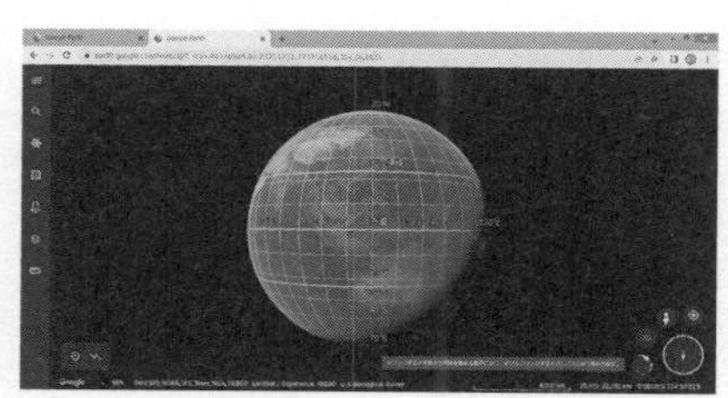

第 5 時では，単元の学習を総合して，世界の地域構成についてまとめていく。このときに前時まででではできなかった発展的なことも含めていく。例えば，Google Earth では，右下の地球のアイコンをクリックすると，左から太陽の光が当たり地球全体がゆっくりと自転している様子も表示でき，地球の動きと光の当たり方から時差や季節や気温の変化などについても考察できる。また，北極点を囲むようにロシア，アメリカ，ヨーロッパが向かい合っている様子から，今後の世界平和における国際協調などについても考察できる。

成果物の具体例と評価のポイント

①評価基準Aの具体例

今回，宇宙から地球を観察して，これまでの認識とは大きく異なる点がいくつも発見されました。まず，大陸と海洋との分布ですが，一見まんべんなく散らばっているように思いがちなのが実際にはかなり偏っていて，大陸は北半球に多くありました。このことから世界の国々の多くは北半球にあり，そこから８月が夏，１月が冬ということが当たり前となったのだと気付きました。でも南半球にも国があるわけで，当たり前と思いこむことのないようにしたいと思います。

また，国の形が様々なのは自然地形を利用しているからで，自然の区分が社会の区分をつくり上げていくという人間社会の営みの歴史を感じました。緯線・経線の仕組みや世界地図は人間が創ったもので，球体の地球の表面の様子をどのようにして手軽に示せるかという難問にチャレンジした証なのかなと思いました。その仕組みをよく理解して適切に使っていきたいと思います。

地球の様子を見ていて一番印象的だったのは，北極点を囲んでロシア，アメリカ，ヨーロッパが近くに見えたことです。地図では遠く離れていますが，実際にはこれほど近くにあるのです。国際情勢をリードする国々だからこそ紛争のないよう友好関係を保ってほしいです。

B評価の基準を達している上に，よりよい社会の実現や課題に対して主体的な追究が見られるのでA評価とした。

②評価基準Bの具体例

地球上には大陸と海洋とがあって地球の表面に偏りなく散らばっているかと思っていましたが，実際には大陸は北半球に，海洋は南半球に多くあることがわかりました。このため190か国余りの世界の国々の多くは北半球にあることがわかりました。

宇宙から地球を眺めていると国の形は複雑ですが，詳細な地図と重ねてみると山や川など自然地形を利用したものが多いので複雑な国境線となっています。緯線や経線は地図上ではまっすぐな線なのですが，地球は球体なので実際には曲がっていることがわかりました。

世界地図はこれまで正確なものと思っていましたが，球体の地球と比べてみると多くの点で違っていることがわかり，これからは使い方に気を付けようと思います。このように地球は球体であることが大切であると考えました。

B評価と判断できるが，よりよい社会の実現や課題に対して主体的な追究が見られるまでにはいかないのでB評価とした。

時差マスターシステムを活用して，時差の理解を深めよう

1人1台端末活用のポイント

時差の学習は難解なもので，それがきっかけで地理が嫌いになってしまったという残念な声も聞かれる。この学習は，時差の仕組みや計算方法を理解することが主たる目的ではないことが「中学校習指導要領解説　社会編」に記されている。しかし，時差の仕組みや計算方法を理解していないと，構造的に地球上における我が国と世界各地との位置関係を理解することは難しい。そこで，時差の仕組みや計算方法の学習を生徒一人ひとりの能力に応じた形で効率的に進められるよう Google スライドによる時差マスターシステムを作成し，1人1台端末を使って自分のペースで学習できるようにした。スライドには適時学習成果を確認する Question が設定してあり，間違えると前のスライドに戻って確認できる仕組みを用意しておく。また，Google スプレッドシートで作成した時差の計算シートを組み合わせながら時差の計算練習を行う。個別の学習にも対応できるので，授業だけは足りない場合は，家庭での時間も活用できる。

単元の目標

位置や分布などに着目しながら我が国の国土の位置，世界各地との時差，領域の範囲や変化とその特色などを基に日本の地域構成を大観し理解するとともに，日本の地域構成の特色を，周辺の海洋の広がりや国土を構成する島々の位置などに着目して多面的・多角的に考察，表現し，日本の地域構成について，よりよい社会の実現を視野に，そこで見られる課題を主体的に追究する。

単元の評価規準

知識・技能
・位置や分布などに着目しながら我が国の国土の位置，世界各地との時差，領域の範囲や変化とその特色などを基に日本の地域構成を大観し理解している。
思考力・判断力・表現力
・日本の地域構成の特色を，周辺の海洋の広がりや国土を構成する島々の位置などに着目して多面的・多角的に考察，表現している。
主体的に学習に取り組む態度
・日本の地域構成について，よりよい社会の実現を視野に，そこで見られる課題を主体的に追究しようとしている。

単元の指導計画

時	主な学習活動	評価
1	**◆位置から見た日本と世界** 地球上における日本の位置を，緯度や経度，他の地域や国から見てどのような位置にあるかを理解し，日本の絶対的な位置や相対的な位置を考察する。	・位置や分布などに着目しながら我が国の国土の位置とその特色などを基に日本の地域構成を大観し理解している。（知技）
2	**◆時差から見た日本と世界** 地球上の経度の設定に着目しながら時差の仕組みや計算方法を理解し，それを活用して日本と世界各地の時差から地球上における我が国と世界各地との位置関係を考察する。	・位置や分布などに着目しながら世界各地との時差とその特色などを基に日本の地域構成を大観し理解している。（知技）
3	**◆日本の領域の特色** 日本を構成する島々の位置や分布に着目し，世界の他の国々と比較しながら日本の領域の特色を理解する。	・位置や分布などに着目しながら領域の範囲や変化とその特色などを基に日本の地域構成を大観し理解している。（知技）
4	**◆日本が関係する領土問題** 日本の領域の特色の理解を基に日本の周辺で発生している領土問題の現状や課題について理解し，よりよい社会の実現を視野に，そこで見られる課題を主体的に追究する。	・日本の領土問題の現状や課題を，日本の領域の特色や国土を構成する島々の位置などに着目して多面的・多角的に考察，表現している。（思判表）
5	**◆日本の地域区分** 日本の地方や都道府県などの形式地域や自然，文化，歴史などにまつわる等質地域に着目しながら日本の地域区分の特色や課題について理解するとともに，単元の学習を生かしながら日本の地域構成について，よりよい社会の実現を視野に，そこで見られる課題を主体的に追究する。	・日本の地域構成について，よりよい社会の実現を視野に，そこで見られる課題を主体的に追究しようとしている。（態度）

授業展開例（第２時）

（１）パフォーマンス課題

> あなたは，国際社会での活躍を夢見る大学生です。あなたは将来のビジネスチャンスに生かそうと国際ビジネススクールに入学しました。そこでのガイダンスでスクールの校長はこのような話をしてくれました。
>
> 「世の中でグローバル化や国際化という言葉が叫ばれるようになってからずいぶんと月日が経った。今ではグローバル化や国際化は当たり前のこととして，ビジネスの至るところで影響を与えている。もはや日本の中だけではビジネスは成立しないと言ってもいいだろう。しかし，地球には時差がある。自分の都合ばかり考えていては，国際ビジネスはうまくいかない。しかし，この時差の仕組みを感覚的に身に付けている人は意外と少ないのではないだろうか。我が国際ビジネススクールでは，国際的なビジネスマンの教養として，まずは身に付けてもらっている。時差の講習では，本校が開発したオリジナルの時差マスターシステムを活用して学習を進めてもらっている。また，演習には時差の計算シートもあるので，自分のペースを大切にしながら，スクールでも家でも自分の時間を生かして学習が進められるから頑張ってくれ」
>
> 校長の話を聞いて，あなたはわくわくしてきました。「ビジネススクールでの勉強を頑張って，国際的なビジネスマンとしての教養と感覚を身に付けるぞ！」と心に思い，あなたは学習に励んだのでした。そして，一通りの時差学習が終わると，学習の成果を生かして挑戦する単位認定試験があります。今回の試験課題は，「あなたが国際的なビジネスを展開する企業の支社を世界の中で２か所置くとしたらどこに設置しますか。その理由を説明しなさい。なお２つの場所を設定する際は，時差を生かした理由も含めて考えること」です。さあ，時差の仕組みをしっかりとマスターして，単位認定試験に臨みましょう。

（２）ルーブリック（本時のまとめで実施する単位認定試験を評価する）

	パフォーマンスの尺度（評価の指標）
A	・等時帯を活用して任意の２か所に支社を明確に設定し，そこに置いた理由を時差に関連付けて具体的に説明している。
B	・等時帯を活用して任意の２か所に支社を明確に設定し，そこに置いた理由を時差に関連付けて説明している。
C	・等時帯を活用して任意の２か所に支社を明確に設定しているが，そこに置いた理由の中にある時差に関連付けした説明が不十分である。

（3）授業の流れ

①導入

世界の国々と日本について違うところがいろいろあるという話をしながら世界のライブカメラの動画を見せて地球上の位置によって時刻が異なること（時差）があることに気付かせる。このとき，日本と同緯度の国（スペインやポルトガルなど）と同経度の国（オーストラリアやニュージーランドなど）を比べてみせると，経度が異なると時間が違うということに気付かせることができる。そして，パフォーマンス課題や本時の目標などを生徒に示す。

②展開

生徒の1人1台端末に時差マスターシステムのGoogleスライドと時差の計算シートのスプレッドシートを配付し，パフォーマンス課題のストーリーに沿って，生徒それぞれのペースに合わせて時差の仕組みの学習を進めさせる。授業者は生徒の学習状況を観察し，個々のつまずきや疑問に対しての支援を行う。また，共通してつまずいているところがあれば全体で共有して一斉授業の形態で解説する。なお，時差マスターシステムの主な内容は以下の通りである。

①	事前説明，使い方など	⑩	日付の変え方
②	時刻は太陽の動きで決まることの説明	⑪	時差の公式（経度差÷15＝時差）の説明
③	太陽の位置と時刻との関係（他国→東京は？）	⑫	Question（時差の公式の三択）
④	Question（太陽がロンドンにあるとき）	⑬	日付変更線の説明
⑤	太陽の位置と時刻との関係（東京→他国は？）	⑭	Question（日付変更線を西から東に越えると）
⑥	Question（太陽が東京にあるとき）	⑮	時差は計算よりも活用が大事
⑦	太陽が1時間で動く経度は15度の説明	⑯	等時帯の説明
⑧	Question（太陽が1日で動く経度は？※三択）	⑰	Question（等時帯で時差を調べる）
⑨	地球を北極から見た図	⑱	標準時についての説明

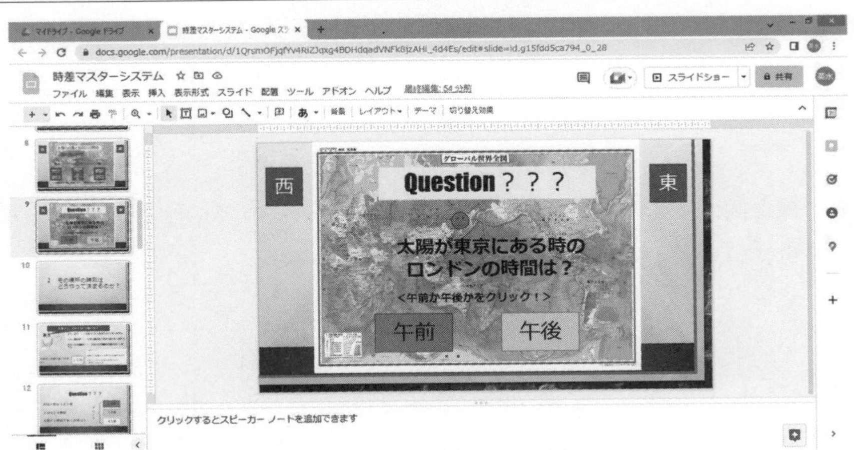

時差マスターシステムのGoogleスライド

Questionのスライドにはリンクが貼ってあり，正答の場合は先のスライドへ，誤答の場合は前のスライドに飛ぶように設定してある。リンクの貼り方は設定を付ける図形を選択し，「挿入」のタブから「リンク」を選択すると飛ぶ先を指定するウインドウが開く。そこで飛ぶ先のスライドを指定するとリンクの設定を付けることができる。時差マスターシステムを使って時差の仕組みがわかってきたら，Googleスプレッドシートで作成した時差の計算シートを使って時差の計算練習を行う。学習したことを演習で定着させたい。

時差の計算シートと問題演習の解答

別のシートで練習問題とその解答をつくっておくと，タブの切り替えで同じ場所に正解が出てくるので，簡単に答え合わせができる。

③まとめ

時差の仕組みについての学習が一通り終わったら時差の活用について考えさせる。社会では時差をうまく使っていろいろな取組が行われていることを紹介し，パフォーマンス課題で単位認定試験として設定した課題に取り組ませる。

教科書などに出ている等時帯を活用しながら，学習の成果を生かして地球上における我が国と世界各地との位置関係を考察させる。

◆単位認定試験・試験課題

あなたが国際的なビジネスを展開する企業の支社を世界の中で2か所置くとしたらどこに設置しますか。その理由を説明しなさい。なお2つの場所を設定する際は，時差を生かした理由も含めて考えること。

成果物の具体例と評価のポイント

①評価基準Aの具体例

私はアメリカのニューヨークとインドのデリーの２都市に支社を置くことにしました。その理由は，まずこの２都市の時差が14時間または10時間だからです。この時差は，どちらかが昼だとどちらかが夜という，ちょうど逆の時間となります。そのためこの２都市を連携して業務を行えば，24時間フル稼動で業務を行うことができます。また，この２都市のどちらかには世界の各都市の時差は近いため，時差が近い方の都市とのビジネス拠点とすれば世界中とつながることができ，グローバルなビジネスが展開できます。

また，世界で多く利用されている言語は英語であり，アメリカのニューヨークはもちろんのこと，インドのデリーも英語圏で英語の利用に困難はありません。またインドはIT大国として急成長しており，すばらしい人材も増えています。私は，この２都市の支社を軸として，さらに支社を全世界に広げながら24時間止まらない国際ビジネスを進めていきたいと考えます。

B評価の基準は概ね満たしている上に，「どちらかが昼だとどちらかが夜という，ちょうど逆の時間となります」という昼夜が反対であることを上手に利用していくといったことや，「この2都市のどちらかには世界の各都市の時差は近いため，時差が近い方の都市とのビジネス拠点とすれば世界中とつながることができ」という時差をうまく活用した国際的なビジネス展開も考えているということで「具体的に説明している」と判断しA評価とした。

②評価基準Bの具体例

私は東京とニューヨークに支社を置くことにしました。やはり支社は日本がいいと思います。そしてもう１つの支社を日本から時差14時間のニューヨークにしました。こちらも世界を代表する経済都市で，時差もちょうどいいと思いました。日本もニューヨークも24時間稼動している経済都市です。この２つの経済都市を拠点として，世界を相手に国際的なビジネスを展開していきます。

「等時帯を活用して任意の2か所に支社を明確に設定し，そこに置いた理由を時差に関連付けて説明している」というB評価の基準は概ね満たすものであるが，「具体的に説明している」という点では，もう一歩のところであるのでB評価とした。

世界各地の特色をマトリクスに整理し，気候と生活との関連を追究しよう

1人1台端末活用のポイント

本単元は，場所や自然環境に着目して人々の生活と自然及び社会条件との関連や影響，世界の人々の生活と環境の多様性について追究することを目的とした単元であるが，世界各地の多種多彩な環境や人々の営みを一目で見るのはなかなか難しい。そこで，Google スプレッドシートに個別の情報を入力していき，完成したマトリクスを俯瞰しながらそれらについて追究する。生徒は，教師が配信したひな型を基本としながらも必要に応じてセルを広げたり新たな項目のセルを増やしたりすることができ，生徒自身の主体的な学びの追究に対応できる。また，一通り情報を入力した後でセルや文字を着色して関連性を確認しやすくしたりすることもできる。デジタルの自由度を活用して紙ベースでは限界のあった生徒一人ひとりの主体的な学びに対応することができる。

単元の目標

場所や自然環境と人間との相互依存関係などに着目して，人々の生活は，その生活が営まれる場所の自然及び社会的条件から影響を受けたり与えたりすることや，世界の人々の生活や環境の多様性を理解するとともに，世界各地における人々の生活の特色やその変容の理由を，その生活が営まれる場所の自然及び社会的条件などに着目して，多面的・多角的に考察，表現し，世界各地の人々の生活と環境について，よりよい社会の実現を視野にそこで見られる課題を主体的に追究している。

単元の評価規準

知識・技能
・人々の生活は，その生活が営まれる場所の自然及び社会的条件から影響を受けたり与えたりすることや，世界の人々の生活や環境の多様性を理解している。
思考力・判断力・表現力
・世界各地における人々の生活の特色やその変容の理由を，その生活が営まれる場所の自然及び社会的条件などに着目して，多面的・多角的に考察し，表現している。
主体的に学習に取り組む態度
・世界各地の人々の生活と環境について，よりよい社会の実現を視野にそこで見られる課題を主体的に追究しようとしている。

単元の指導計画

時	主な学習活動	評価
1	**◆世界各地の様々な生活と環境** 世界を大きく見渡し，世界各地の気候の分布や特色を雨温図や気候の分布図などを活用しながら大観する。	・世界全体を眺め，世界各地の気候や環境の多様性を大観している。（知技）
2	**◆暑い地域と乾燥した地域の暮らし** 気温や降水量などに着目しながら暑い地域や乾燥した地域の特色を理解し，衣食住を中心としたそこで見られる人々の生活との関連を理解する。	・人々の生活は，その生活が生まれる場所の自然及び社会的条件から影響を受けたり与えたりすることを理解している。（知技）
3	**◆温暖な地域の暮らし** 気温や降水量などに着目しながら温暖な地域の様々な特色を理解し，衣食住を中心としたそこで見られる人々の生活との関連を理解する。	・人々の生活は，その生活が生まれる場所の自然及び社会的条件から影響を受けたり与えたりすることを理解している。（知技）
4	**◆寒い地域と高地での暮らし** 気温や降水量などに着目しながら寒い地域や高地の特色を理解し，衣食住を中心としたそこで見られる人々の生活との関連を理解する。	・人々の生活は，その生活が生まれる場所の自然及び社会的条件から影響を受けたり与えたりすることを理解している。（知技）
5	**◆人々の生活と宗教** 世界の宗教分布を確認し，それぞれの地域の人々の生活と宗教との関わりに着目して，世界各地における人々の生活の特色の理由を多面的・多角的に考察する。	・世界各地における人々の生活の特色の理由を，生活と宗教との関わりに着目して，多面的・多角的に考察し，表現している。（思判表）
6	**◆人々の生活と環境との関わり** 学習の成果を整理して，世界各地における人々の生活の特色やその変容の理由を，その生活が営まれる場所の自然及び社会的条件などに着目して，多面的・多角的に考察し，表現する。	・世界各地における人々の生活の特色やその変容の理由を，その生活が営まれる場所の自然及び社会的条件などに着目して，多面的・多角的に考察し，表現している。（思判表）

授業展開例（第６時）

（１）パフォーマンス課題

あなたは文化人類学者です。そのようなあなたへある出版社から，電話が来ました。

「もしもし，私は地理学習出版株式会社編集部の○○と申します。今回，我が社から世界各地の人々の生活と自然環境との関連についての学習参考書を出版することになりました。そこで文化人類学の分野で著名な先生に，ご執筆をお願いしたくご連絡いたしました。今回の書籍は，中学生の地理学習の参考にしていただく内容で，第１章で世界の気候分布を大観した後，第２章以降，暑い地域から高地までの５地域について主に自然環境とそこで暮らす人々の生活（衣食住）の様子を紹介したり，世界の宗教分布とそれぞれの地域の人々の生活と宗教との関わりなどを紹介したりしながら，最終章で総合的に世界各地における人々の生活の特色やその変容の理由を，その生活が営まれる場所の自然及び社会的条件などに着目して考察するものとなっております。

先生には，各章での内容をまとめたマトリクスの作成と最終章での考察をお願いしたいと思います。各章の内容はすでに冊子となっておりますのでそちらをご覧いただき，編集部の方で用意したGoogle スプレッドシートをご活用いただきながらマトリクスを作成願います。そして，完成したマトリクスを活用しながら，世界各地における人々の生活の特色やその変容の理由を，その生活が営まれる場所の自然及び社会的条件などに着目して，多面的・多角的に考察し，具体的な事例を用いながらご執筆いただきたく思います。また，今回の書籍は入学後間もない１年生を対象としている単元での活用を考えていますから，文書の量はそれほど多くなく，今回の内容全体をまとめるわかりやすい文章をお願いします」

執筆承諾の連絡を入れた後，あなたはさっそく，冊子を読みながらマトリクスの作成に取りかかるのでした。

（２）ルーブリック

	パフォーマンスの尺度（評価の指標）
A	・完成したマトリクスを活用しながら，世界各地における人々の生活の特色やその変容の理由を，その生活が営まれる場所の自然及び社会的条件などに着目して，多面的・多角的に考察し，具体的な事例を用いながらより主体的に表現している。
B	・完成したマトリクスを活用しながら，世界各地における人々の生活の特色やその変容の理由を，その生活が営まれる場所の自然及び社会的条件などに着目して，多面的・多角的に考察し表現している。

C	・完成したマトリクスを活用が不十分であったり，世界各地の人々の生活が営まれる場所の自然及び社会的条件などに関する着目が不十分であったりする。

（3）授業の流れ

①導入

本単元のパフォーマンス課題は，単元の学習全体に関わるものなので，第1時の冒頭で生徒に提示する。生徒それぞれが，パフォーマンス課題の主人公である書籍の執筆を依頼された文化人類学者のつもりで学習に意欲をもって取り組ませていく。パフォーマンス課題を示す際は，単元の学習（全6時間）が，書籍の各章にあたることを伝えるとともに，最終章で単元の学習全体を受けて，世界各地における人々の生活の特色やその変容の理由を，その生活が営まれる場所の自然及び社会的条件などに着目して書く単元末課題があることも伝えておき，この課題を踏まえながら学習の成果を積み重ねたい。

また，学習の成果をスプレッドシートのマトリクスに貯めていくことを指示して配信する。なお，マトリクスについては，自身の考えに合わせて項目を追加したりすることも可能で，生徒の主体的な工夫を反映させる。また，入力は第6時で整理するので，各章の学習の中では，キーワードや短文などでメモ程度に記入していくことも伝えておく。

②展開

第6時では，これまでに入力したGoogle スプレッドシートの内容を再整理していく。

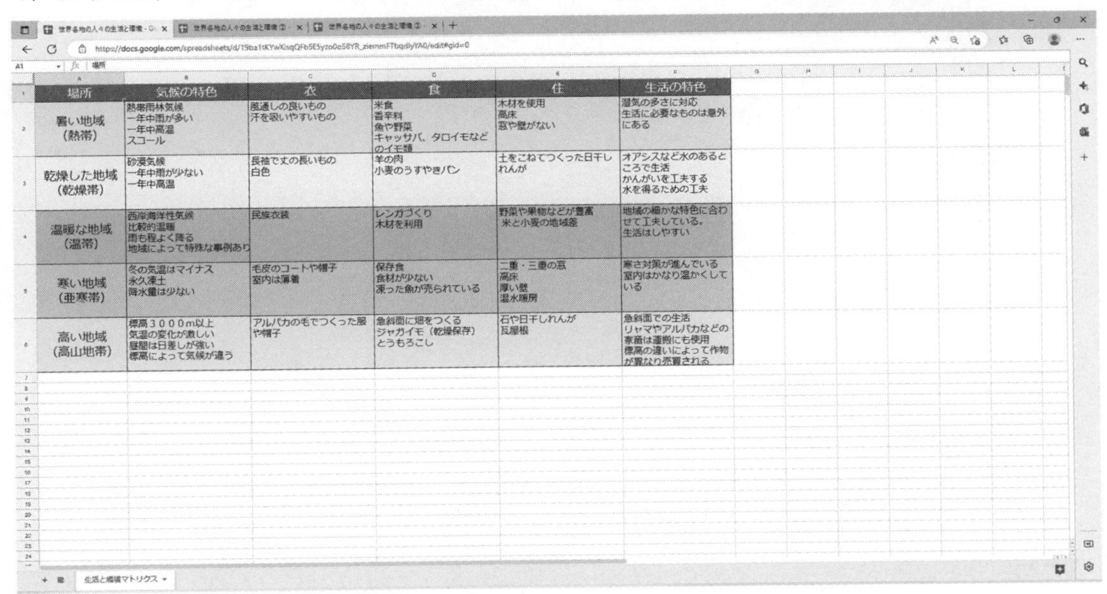

場所	気候の特色	衣	食	住	生活の特色
暑い地域（熱帯）	熱帯雨林気候 一年中雨が多い 一年中高温 スコール	風通しの良いもの 汗を吸いやすいもの	米食 香辛料 魚や野菜 キャッサバ、タロイモなどのイモ類	木材を使用 高床 窓や壁がない	湿気の多さに対応 生活に必要なものは意外にある
乾燥した地域（乾燥帯）	砂漠気候 一年中雨が少ない 一年中高温	長袖で丈の長いもの 白色	羊の肉 小麦のうすやきパン	土をこねてつくった日干しれんが	オアシスなど水のあるところで生活 かんがいを工夫する 水を得るための工夫
温暖な地域（温帯）	西岸海洋性気候 比較的温暖 雨も程よく降る 地域によって特殊な事例あり	民族衣装	レンガづくり 木材を利用	野菜や果物などが豊富 米と小麦の地域差	地域の細かな特色に合わせて工夫している。 生活はしやすい
寒い地域（亜寒帯）	冬の気温はマイナス 永久凍土 降水量は少ない	毛皮のコートや帽子 室内は薄着	保存食 食材が少ない 凍った魚が売られている	二重・三重の窓 高床 厚い壁 温水暖房	寒さ対策が進んでいる 室内はかなり温かくしている
高い地域（高山地帯）	標高３０００m以上 気温の変化が激しい 昼間は日差しが強い 標高によって気候が違う	アルパカの毛でつくった服や帽子	急斜面に畑をつくる ジャガイモ（乾燥保存） とうもろこし	石や日干しれんが 瓦屋根	急斜面での生活 リャマやアルパカなどの家畜は運搬にも使用 標高の違いによって作物が異なり売買される

第2時から第4時までに入力したマトリクスの例

上に示したマトリクスの例では第5時の人々の生活と宗教についての入力セルは用意して

いないが，授業者の工夫で追加してもかまわない。

内容の再整理については，マトリクス左側の「気候の特色」とマトリクス右側の「生活の特色」に注目させる。この2つの列を違う色で着色したり，関連すると思われる言葉を着色したりして視覚的に確認しながら，世界各地における人々の生活の特色やその変容の理由と，その生活が営まれる場所の自然及び社会的条件との関連について考察させる。

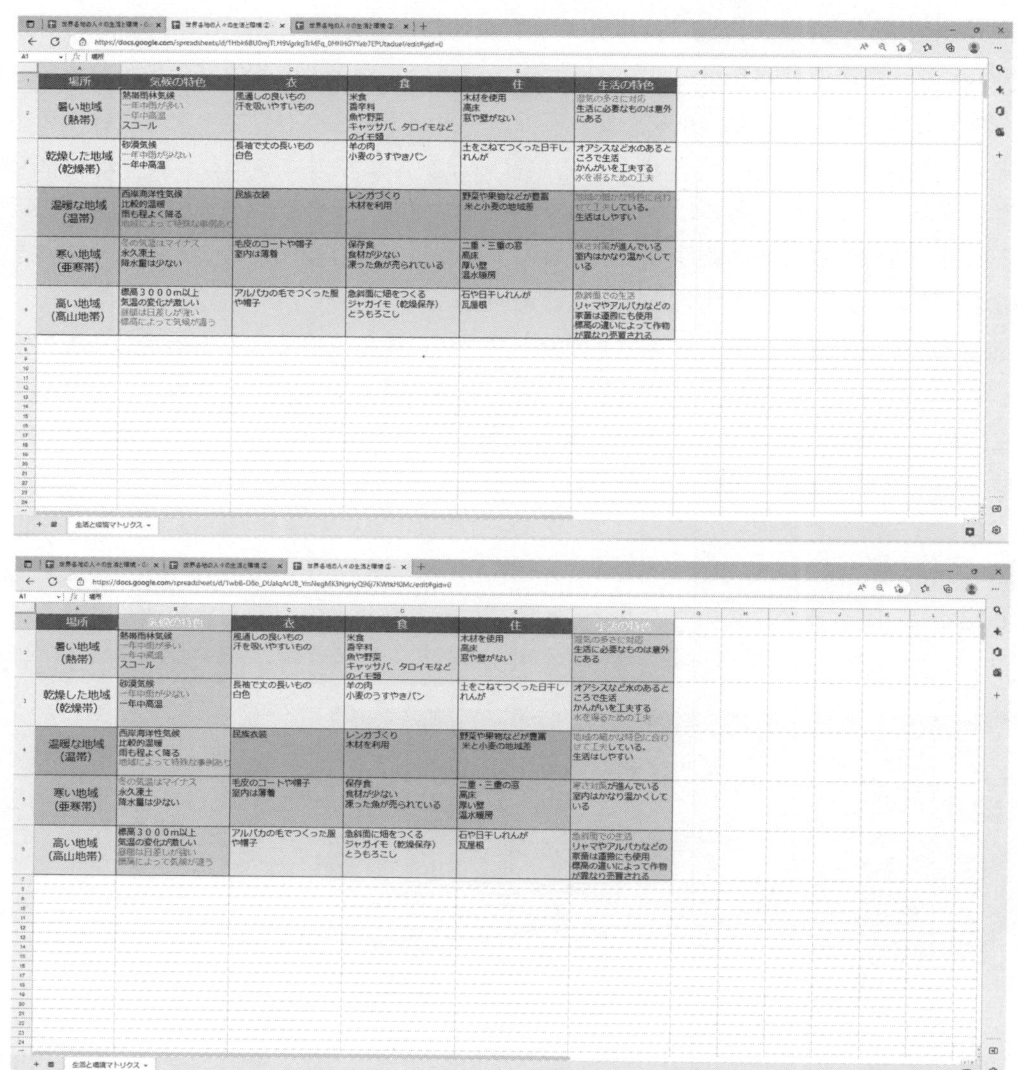

場所	気候の特色	衣	食	住	生活の特色
暑い地域 （熱帯）	熱帯雨林気候 一年中雨が多い 一年中高温 スコール	風通しの良いもの 汗を吸いやすいもの	米食 香辛料 魚や野菜 キャッサバ、タロイモなどのイモ類	木材を使用 高床 窓や壁がない	湿気の多さに対応 生活に必要なものは意外にある
乾燥した地域 （乾燥帯）	砂漠気候 一年中雨が少ない 一年中高温	長袖で丈の長いもの 白色	羊の肉 小麦のうすやきパン	土をこねてつくった日干しれんが	オアシスなど水のあるところで生活 かんがいを工夫する 水を得るための工夫
温暖な地域 （温帯）	西岸海洋性気候 比較的温暖 雨も程よく降る 地域によって特殊な事例あり	民族衣装	レンガづくり 木材を利用	野菜や果物などが豊富 米と小麦の地域差	地域の細かな特色に合わせて工夫している。 生活はしやすい
寒い地域 （亜寒帯）	冬の気温はマイナス 永久凍土 降水量は少ない	毛皮のコートや帽子 室内は薄着	保存食 食材が少ない 凍った魚が売られている	二重・三重の窓 高床 厚い壁 温水暖房	寒さ対策が進んでいる 室内はかなり温かくしている
高い地域 （高山地帯）	標高３０００m以上 気温の変化が激しい 昼間は日差しが強い 標高によって気候が違う	アルパカの毛でつくった服や帽子	急斜面に畑をつくる ジャガイモ（乾燥保存） とうもろこし	石や日干しれんが 瓦屋根	急斜面での生活 リャマやアルパカなどの家畜は運搬にも使用 標高の違いによって作物が異なり売買される

つながるセルや言葉を着色しながら，気候の特色と生活の特色との関連を追究させる

③まとめ

マトリクスで明らかとなった気候の特色と生活の特色との関連などを基にして，世界各地における人々の生活の特色やその変容の理由を単元末課題として記述させる。

成果物の具体例と評価のポイント

①評価基準Aの具体例

暑い地域，乾燥した地域，温暖な地域，寒い地域，高地という５つの地域における人々の生活と自然環境の様子を整理してきたが，結論として，自然環境の特色と人々の生活の特色は，深く関わり合っていることが明らかとなった。暑い地域では特に多湿という特色に配慮した服装や住居が，乾燥した地域では降水量の少なさから水を得るための工夫が，温暖な地域では細かな特色に合わせて特色が異なることが，寒い地域では防寒と温かさへのあこがれが，高地では急斜面と激しい寒暖差への対応が，といったように，自然環境の特色は強く人々の生活に影響している。つまり，多様な自然環境が多様な人々の生活様式を生み出している。同じ人間の生活といってもこれだけ多様性をもっていることは，大変興味深いことである。これから先の学習に意欲がわいてくる。また，ここに宗教というさらなる要素が加わって，人々の生活の特色はいっそう多様性を増していくのである。また，違う地域での共通性も発見できた。暑い地域と寒い地域で同じ高床にした住居が見られることである。高床にする理由は，地域の自然環境への配慮の仕方はまったく異なるが，結論としての姿が同じとなっていることは興味深い。また，乾燥した地域と高地での共通した日干しれんが使用の理由は，雨が少ないという共通した理由である。このように事象の表れ方とその理由に着目するとさらなる多様性が見えてくる。

B評価の基準を満たした上で，各地域における具体的な記述が見られたり，宗教との関係や理由は異なるけれど結論としての生活様式が同じである事例が見られたりするなど，多彩な具体事例を用いながらより主体的に述べているのでA評価と判断した。

②評価基準Bの具体例

暑い地域，乾燥した地域，温暖な地域，寒い地域，高地という５つの地域における人々の生活と自然環境の様子を整理してきて，自然環境の特色と人々の生活の特色は，深く関わり合っていることがわかった。多様な自然環境が多様な人々の生活様式を生み出しているのである。同じ人間の生活といってもこれだけ多様性をもっていることは，大変興味深い。また，ここに宗教というさらなる要素が加わってくると，さらにいろいろな生活となっていくのである。気候の特色は，人々の生活によい影響や悪い影響を与える。それを受けて人々は悪い影響を少なくするための努力をしたり，よさをさらに高める工夫をしたりしてきた。人々の生活の特色は，自然環境と正面から向き合ってきた成果であると感じた。

「完成したマトリクスを活用しながら，世界各地における人々の生活の特色やその変容の理由を，その生活が営まれる場所の自然及び社会的条件などに着目して，多面的・多角的に考察し表現している」というB評価の基準は満たしているが，「具体的な事例を用いながらより主体的に表現している」という段階までには至らないと判断してB評価とした。

多様な立場の人の思いを可視化しよう

1人1台端末活用のポイント

社会問題は，立場によって思いが大きく異なるものである。その多様な思いの対立を乗り越えて最大公約数的な合意点を見つけ出すことが，社会問題を解決していく上で重要となる。しかし，思いとは，目に見えないものであり，ゆえにお互いの思いを考えながら合意点を見つけ出すということが難しい。そこで，総合的な最適解を導き出すために，Google Jamboard を使ってそれぞれの立場の思いを可視化する。

この手法は，ホワイトボードなどアナログ教具を使ってもできるが，Google Jamboard だとそれぞれの思いをリアルタイムに表現したり，思考の場面を保存・共有・確認したりするという場面でより効率的に使うことができる。また，授業者による生徒の活動状況の把握や提示も容易にできる。

単元の目標

様々な資料を活用して南アメリカ州の地域的特色や地球的課題，特にアマゾンの熱帯林に関する課題や現状とそこに関わる様々な立場の人たちの営みや思いを理解し，アマゾンの熱帯林のよりよいこれからとアマゾンの熱帯林に関わる人々の共生の在り方を空間的相互依存作用や地域といった視点や方法を働かせて多面的・多角的に考察し，主体的に追究する。

単元の評価規準

知識・技能
・様々な資料を活用して南アメリカ州の地域的特色や地球的課題，特にアマゾンの熱帯林に関する課題や現状とそこに関わる様々な立場の人たちの営みや思いを理解している。
思考力・判断力・表現力
・アマゾンの熱帯林のよりよいこれからとアマゾンの熱帯林に関わる人々の共生の在り方を空間的相互依存作用や地域といった視点や方法を働かせて多面的・多角的に考察している。
主体的に学習に取り組む態度
・アマゾンの熱帯林に関わる先住民代表，農園経営者代表，輸入国代表，環境保護団体代表それぞれの思いに配慮しながら，アマゾンの熱帯林のよりよいこれからとアマゾンの熱帯林に関わる人々の共生の在り方を主体的に追究しようとしている。

単元の指導計画

時	主な学習活動	評価
1	**◆南アメリカ州の自然環境** 資料を活用して南アメリカ州の地形や気候の特色を読み取り，南アメリカ州の地域的特色を大観する。	・様々な資料を活用して南アメリカ州の地域的特色や地球的課題，特にアマゾンの熱帯林に関する課題や現状を理解している。（知技）
2	**◆多様な民族と生活～先住民の立場～** 南アメリカ州の民族に関する特色を理解し，先住民にとってのアマゾンの熱帯林の意味を理解する。	・様々な資料を活用してアマゾンの熱帯林に関する課題や現状と関連付けながら先住民の人たちの営みや思いを理解している。（知技）
3	**◆大規模化する農業～農園経営者の立場～** 南アメリカ州の産業に関する特色を理解し，大規模な農園経営者にとってのアマゾンの熱帯林の意味を理解する。	・様々な資料を活用してアマゾンの熱帯林に関する課題や現状と関連付けながら農業経営者の人たちの営みや思いを理解している。（知技）
4	**◆熱帯林保全の努力～環境保護団体の立場～** 熱帯林の減少とその保護に関する特色を理解し，環境保護団体にとってのアマゾンの熱帯林の意味を理解する。	・様々な資料を活用してアマゾンの熱帯林に関する課題や現状と関連付けながら環境保護団体の人たちの営みや思いを理解している。（知技）
5	**◆恩恵を受ける世界～輸入国の立場～** 世界と南アメリカ州との貿易の特色を理解し，輸入国にとってのアマゾンの熱帯林の意味を理解する。	・様々な資料を活用してアマゾンの熱帯林に関する課題や現状と関連付けながら輸入国の人たちの営みや思いを理解している。（知技）
6	**◆熱帯林と人々の共生①～エキスパートセッション～** ４つの立場をグループで分担し，同じ立場の担当者が集まって，その立場からのアマゾンの熱帯林のよりよいこれからとアマゾンの熱帯林に関わる人々の共生の在り方を考察する。	・アマゾンの熱帯林のよりよいこれからとアマゾンの熱帯林に関わる人々の共生の在り方を空間的相互依存作用や地域といった視点や方法を働かせて多面的・多角的に考察している。（思判表）
7	**◆熱帯林と人々の共生②～ジグソーセッション～** それぞれの立場の担当者が自身のグループに戻ってそれぞれの立場からアマゾンの熱帯林のよりよいこれからとアマゾンの熱帯林に関わる人々の共生の在り方を議論し，グループとしての最適解を追究する。	・４つの立場のそれぞれの思いに配慮しながら，アマゾンの熱帯林のよりよいこれからとアマゾンの熱帯林に関わる人々の共生の在り方を主体的に追究しようとしている。（態度）

授業展開例（第６・７時）

（１）パフォーマンス課題

皆さんはアマゾンの熱帯林のこれからを考える会議のメンバーです。会議にはアマゾンの熱帯林に関わる先住民代表，農園経営者代表，環境保護団体代表，輸入国代表が集まっています。この会議では，まずそれぞれの立場の人たちの営みや思いを知り，その上で自身の立場の意見をまとめて会議に提案し，４者の合意点としてのアマゾンの熱帯林のよりよいこれからとアマゾンの熱帯林に関わる人々の共生についての最適解を見つけることを行います。皆さんはアマゾンの熱帯林に関わる先住民，農園経営者，環境保護団体，輸入国の営みについて知り，その人たちの思いをESD座標軸※で可視化していきます。そしてあなたは，いろいろな立場の人々の営みや思いを知った上で，自分の立場の思いを整理し，他の立場の人たちと議論しながら，アマゾンの熱帯林のよりよいこれからとアマゾンの熱帯林に関わる人々の共生の在り方を考え，主張するのでした。

※ESD座標軸とは，縦軸に地域と地球，横軸に開発と環境を対立するものとして設定した十字の座標軸のこと。十字の中心からそれぞれに離れるにしたがってそれぞれの思いが強くなるとして，４つを総合的に考察して思いを可視化するツール。

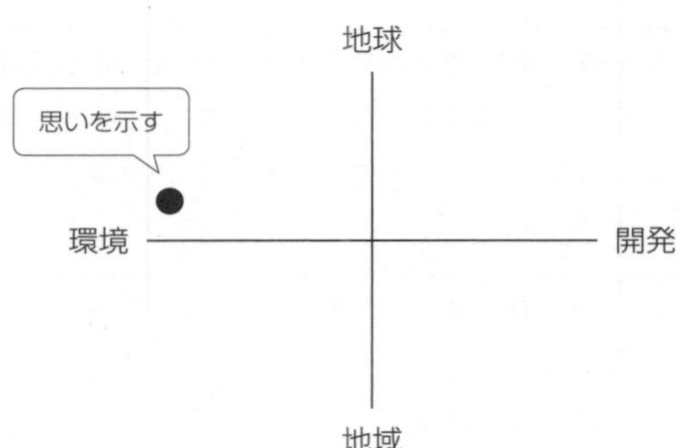

（２）ルーブリック（単元の終末で行う自身の座標軸と主張を評価する）

	パフォーマンスの尺度（評価の指標）
A	・具体的な事例など根拠を明確にしながらアマゾンの熱帯林に関わる４つの立場のそれぞれの思いに配慮し，アマゾンの熱帯林のよりよいこれからとアマゾンの熱帯林に関わる人々の共生の在り方について主体的かつ具体的，現実的に考えを述べている。
B	・アマゾンの熱帯林に関わる４つの立場のそれぞれの思いに配慮しながら，アマゾンの熱帯林のよりよいこれからとアマゾンの熱帯林に関わる人々の共生の在り方について主体的に考えを述べている。
C	・アマゾンの熱帯林に関わる４つの立場のそれぞれの思いに配慮が足らず一方的な見方になっていたり，アマゾンの熱帯林のよりよいこれからとアマゾンの熱帯林に関わる人々の共生の在り方についての考えが主体性に欠けていたりするものである。

（3）授業の流れ

①導入

第2時から第5時までで学習してきた先住民代表，農園経営者代表，環境保護団体代表，輸入国代表の思いを第6時で使用するワークシートに設定したESD座標軸に改めて書き写す。そして，座標軸を見て4者の思いがそれぞれ違うところにあり，アマゾンの熱帯林のこれからについて対立していることを確認する。

次に，アマゾンの熱帯林のよりよいこれからとアマゾンの熱帯林に関わる人々の共生の在り方を議論するためのグループ分けと立場の分担を行う。後ほどGoogle Jamboard上のESD座標軸を活用するので，それぞれの立場の付箋の色を設定し指示しておく。

②展開

今回の議論はグループで分担した立場が同じもの同士が最初に集まって，その立場の営みや思い，その立場から考えたアマゾンの熱帯林のよりよいこれからとアマゾンの熱帯林に関わる人々の共生の在り方を深め，その後にもとのグループに戻って議論するというジグソー学習の手法で実施する。第6時は，分担した立場が同じもの同士が集まって深めるエキスパートセッションの時間とする。1つの学級を4人グループで分けるとおおよそ9グループができる。したがって1つの立場に9名くらいの生徒が集まることになる。エキスパートセッションでは，Google Jamboardの付箋が5色まで使えるので，4～5人のグループに分けて議論を進める。このときにGoogle JamboardでESD座標軸をグループごとにつくり，付箋の色を割り当てて，自身の考えを可視化しながら，自分たちの担当する立場ならアマゾンの熱帯林のこれからどうしていくかという視点で議論を進めていく。座標軸には開発優先か環境優先か，地域のことを重視するのか地球のことを重視するのかという4つの視点から自身の考えを表現していく。付箋は自由に動かせるので，議論しながらどんどん動かしていく。

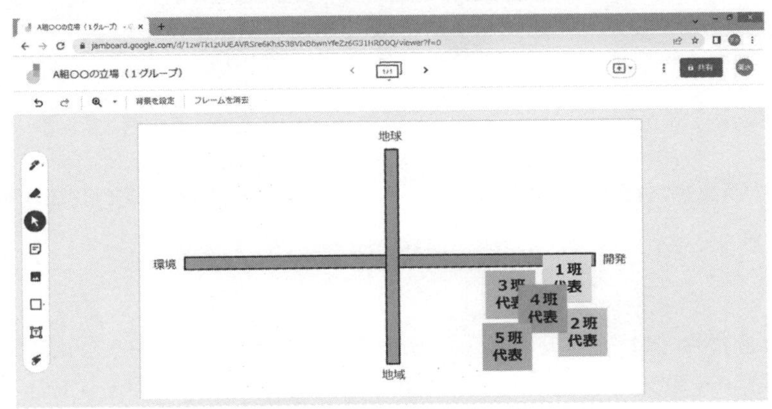

エキスパートセッションでのESD座標軸
（似たような位置に集まるので，その位置に置いた根拠や微妙な違いについて議論を深めさせる）

また，この議論の中で，ジグソーセッションになったときに，他の立場から反論されそうなことも想定して対応策なども考えさせておくと，議論が活発になると同時に，生徒の思考も深まっていく。ここまでを第6時とし，第7時はもとのグループに戻って，それぞれの立場から議論するジグソーセッションに入る。ジグソーセッションでは，Google Jamboard上に新たにつくったESD座標軸に，自身の立場の思いを示した付箋をそれぞれ置き，なぜその位置になっているかを説明するところから始める。当然，最初はバラバラの位置に付箋が置かれ，思いの対立が起こる。この対立こそ実社会で起きている立場の違いによる対立で，地球的課題の解決が一朝一夕に進まない難しさを実感させたい。そして，この対立をどのようにしてアマゾンの熱帯林のよりよいこれからとアマゾンの熱帯林に関わる人々の共生という合意点にもっていけるかを生徒に実体験させる。このとき，バラバラの付箋が段々まとまっていくだろうが，決して座標軸の真ん中が最適解ではないことに留意させる。開発か環境か，地球か地域かの単純な選択ではなく，数直線上での選択であることや，軸が2つあることによって選択肢が大幅に増えている（いろいろな最適解がある）ことを意識して議論させたい。

この学習活動は，公民的分野の対立から合意へ，効率と公正の観点を含んでおり，公民としての資質・能力の基礎を養うということに通じる活動であるので，授業者は単なる世界の諸地域学習という意識だけでなく，グローバル化する国際社会に主体的に生きる平和で民主的な国家及び社会の形成者を育成するという意識で指導にあたってほしい。

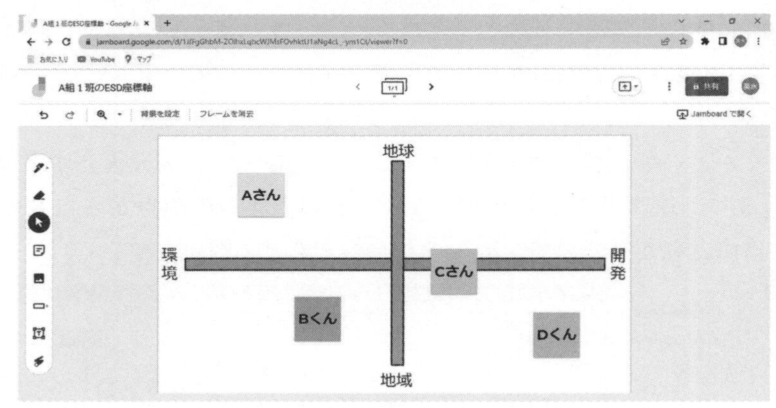

ジグソーセッションでのESD座標軸
（バラバラだった付箋が段々とまとまっていき，合意形成をリアルタイムで可視化できる）

③まとめ

完成したESD座標軸を電子黒板に表示しながら，合意点の理由やそこに至るまでの議論の過程などを発表させて共有する。そして，単元全体の学習を踏まえ，改めて自分自身の考えによるESD座標軸への記入と，主張を書かせて学習のまとめとする。なお，ルーブリックによる評価は，この座標軸と主張の内容で評価する。

成果物の具体例と評価のポイント

①評価基準Aの具体例

私は環境保護団体を担当したことのほか，以前から地球環境保全の意識が強かったのですが，今回，農園経営者や輸入国の立場も考え，私自身も開発の恩恵をたくさん受けて生活し，こうした開発によって地域や世界の安定が支えられていることに気付き，考えが少し変わりました。

この学習を通じて私は，開発と環境保全は対立ではなく両立させるものであることを確信しました。どちらかの２択ではなく，上手なバランスが大切だと思います。アグロフォレストリーの活動はまさに合致するもので，この推進を世界レベルで進めることが必要だと思います。

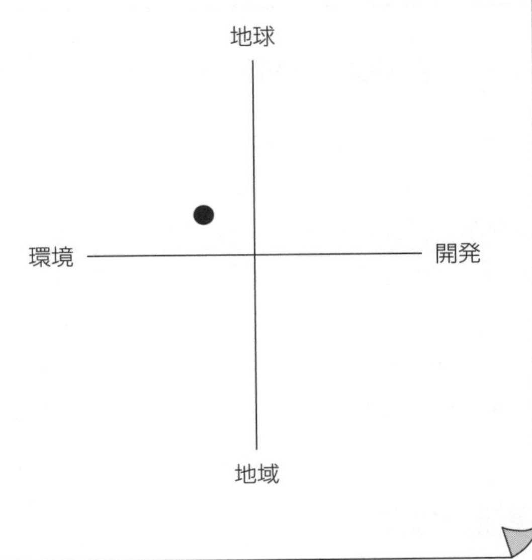

他の立場の考えを自身の考えに融合している点や，開発と環境保全との両立への気付き，アグロフォレストリーの世界的推進など，具体的，現実的に考えを述べており，思いの変化や思いの確信など主体性が十分捉えられるものとしてA評価とした。

②評価基準Bの具体例

もともと自然保護の思いが強く，環境保護団体の立場でもあったがジグソーセッションで他の立場の意見も聞いて開発の大切さも感じたのでこの位置にした。開発も確かに大切だけど，今は環境破壊が大幅に進んでいるので，少しは環境よりにした方がいいと思う。

よい環境がないと人は生きられない。環境は世界の人々の生活の原点であると思う。熱帯林の保全は開発についても配慮し，区画を分けて保全と開発を進めればいいと思う。

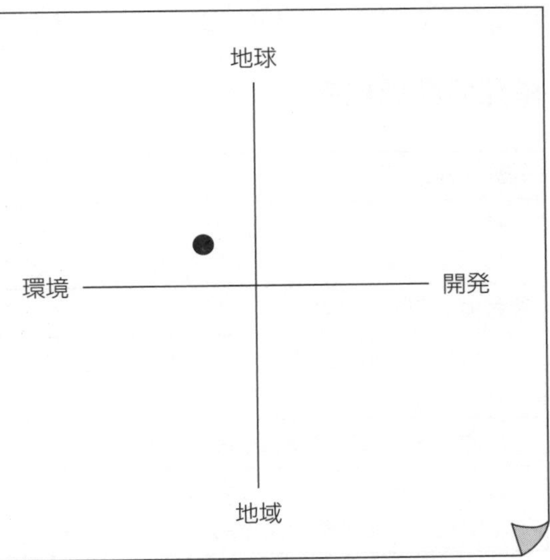

他の立場の考えへの配慮や熱帯林のこれからの在り方について，主体的に述べられているが，具体的，現実的に考えを述べているという段階までは到達していないのでB評価とした。

デジタルマップを活用して，地域調査の手法を身に付けよう

1人1台端末活用のポイント

本単元では，地域調査を教室にいながらより効果的に実施するためにICT機器を活用する。デジタルマップは，縮尺を自由に変えられたり，古い年代の地図や空中写真と比較したり，3D画像で高低差を立体的に確認できたりするなど，紙の地図ではできなかったことが可能である。これらの機能を活用して，対象地域の特色を教室にいながら効率的に読み取っていく。そして，読み取った情報は整理して，後に行う実際の地域調査と重ね合わせることで，より有効な情報となる。

また，調査結果も様々な機能を活用してデジタルマップ内にまとめることで，紙の地図にまとめることではできなかった共有や表現を実現していく。

単元の目標

観察や野外調査，文献調査を行う際の視点や方法，地理的なまとめ方の理解や，地形図や主題図の読図，目的や用途に適した地図の作成などの地理的技能の習得を図るとともに，主として学習対象を直接体験できる地域を選び，場所などに関わる視点に着目して，地域調査の手法やその結果を多面的・多角的に考察し，表現する力を育成し，身に付けた知識や技能を活用してよりよい地域や社会の実現を視野にそこで見られる課題を主体的に発見し，追究する。

単元の評価規準

知識・技能
・観察や野外調査，文献調査を行う際の視点や方法，地理的なまとめ方を理解しているとともに，地形図や主題図の読図，目的や用途に適した地図の作成などの地理的な技能を身に付けている。
思考力・判断力・表現力
・学習対象を直接体験できる地域の特色などに着目して，場所などに関わる視点を生かしながら地域調査の手法やその結果を多面的・多角的に考察し，表現している。
主体的に学習に取り組む態度
・地域調査の手法について，身に付けた知識や技能を活用してよりよい地域や社会の実現を視野にそこで見られる課題を主体的に発見し，追究しようとしている。

単元の指導計画

時	主な学習活動	評価
1	**◆地域調査業務の準備** ・対象地域の特色を思い出しながら Google Jamboard の機能を使って整理する。特色のカテゴリーで付箋の色を決めておくとわかりやすい整理ができる。できた整理は共有して参考にしながら自身の調査テーマを決める。	・学習対象を直接体験できる地域の特色などに着目して，場所などに関わる視点を生かしながら地域調査の手法やその結果を多面的・多角的に考察し，表現している。（思判表）
2	**◆地域調査の手法の確認** ・地域調査に有効な方法を考えて共有する。共有しながら今回の調査に有効なものを，デジタルマップでの調査と現地調査のそれぞれに分けて整理しておく。 ・デジタルマップの使い方について確認する。	・観察や野外調査，文献調査を行う際の視点や方法，地理的なまとめ方を理解しているとともに，地形図や主題図の読図，目的や用途に適した地図の作成などの地理的な技能を身に付けている。（知技）
3	**◆デジタルマップによる調査** ・地理院地図や Google マップ，今昔マップなどのデジタルマップを活用して地域の特色やよさ，課題などについて調べる。 ・調べた結果はデジタルワークシートに記録しておく。	・観察や野外調査，文献調査を行う際の視点や方法，地理的なまとめ方を理解しているとともに，地形図や主題図の読図，目的や用途に適した地図の作成などの地理的な技能を身に付けている。（知技）
4	**◆対象地域の現地調査** ・対象地域を実際に歩いて調査する。五感で地域の特色やよさ，課題などを感じながら確認していき，デジタルマップでの調査の結果と比較する。 ・調査結果の報告に必要なデータや素材（写真など）を集めておく。	・観察や野外調査，文献調査を行う際の視点や方法，地理的なまとめ方を理解しているとともに，地形図や主題図の読図，目的や用途に適した地図の作成などの地理的な技能を身に付けている。（知技）
5	**◆調査結果の報告** ・デジタルマップによる調査，現地調査それぞれから収集した地域の実態を分析・整理し，その成果を，Google マップを活用してまとめる。 ・まとめたものを共有し相互評価したり，さらに整理したりする。	・地域調査の手法について，身に付けた知識や技能を活用してよりよい地域や社会の実現を視野にそこで見られる課題を主体的に発見し，追究しようとしている。（態度）

授業展開例（第３時）

（１）パフォーマンス課題

あなたは国土管理省に採用された新規職員です。３か月の研修の後，あなたが配属されたのは，地域調査課でした。地域調査課は日本各地の地域的特色を調査し，地域のよさや課題を明らかにしながらその伸長や解決を提案していくことを業務としています。これから地域調査課での業務を遂行していくにあたって，まずは地域調査の手法について，課長から学ぶことになりました。

「さぁ，これから地域調査課でしっかりと働いてもらうために，必要な地域調査の手法について学んでもらうぞ。今回は，地域調査の手法を身に付けることが目的だから，自身が生活する地域を例として調査してもらう。とは言っても，他の業務もあるので毎日出勤してもらわなければならない。そこで，実際に対象地域に行って調査するのは１日だけだ。後は職場のパソコンを使っての業務となる。最近のデジタルマップは発達していて，上手に使えば職場にいながらにして地域の実態を知ることができるぞ。調査結果もデジタルマップにまとめて他の職員と共有するからしっかりと調査してほしい。今回の業務スケジュールは後で渡すので，計画をよく確認して遅れないように。それではさっそく業務に取りかかってくれ」

そう課長から言われたあなたは，スケジュール表を確認しました。

１日目	地域調査の準備：地域の特色の整理と調査テーマ決め
２日目	地域調査の手法の確認：地域調査の方法の検討とデジタルマップ操作の確認
３日目	デジタルマップによる調査：様々な機能を活用しての地域調査
４日目	対象地域の現地調査：現地での確認と地域のよさや課題の把握
５日目	調査結果報告：デジタルマップに成果を整理して他の職員と共有

「５日しかないから遅れないように業務を進めないといけないな」そう思ったあなたは，さっそく自分の端末を開いて，作業を始めたのでした。

（２）ルーブリック

	パフォーマンスの尺度（評価の指標）
A	・地域の特色を捉えて自ら調査テーマを絞り込んで設定し，様々なデジタルマップから得られた情報や地域調査で得られた情報を整理・分析したことや考察したことを地図上に工夫して表現している。
B	・地域の特色を捉えて自ら調査テーマを設定し，様々なデジタルマップから得られた情報や地域調査で得られた情報を整理して地図上に表現している。
C	・テーマ設定が曖昧であったり，情報の整理・分析に不足があったりする。

（３）授業の流れ

①導入

パフォーマンス課題で示されたスケジュールにしたがって，デジタルマップによる調査に入る。本時では地理院地図や Google マップ，今昔マップなどのデジタルマップを活用して地域の特色やよさ，課題などについて調べることを確認する。調べる地域をグループや個人で分割するなど学校の事情に合わせて設定を決めておいてほしい。

②展開

まずは地理院地図で対象地域を眺めよう。地形図の表記ルールを思い出しながら道の様子，施設や土地利用の位置と分布などを確認し，大まかにどのような地域かを読み取らせる。地形図の読図について指導が必要な場合は，第 2 時で時間を確保する。

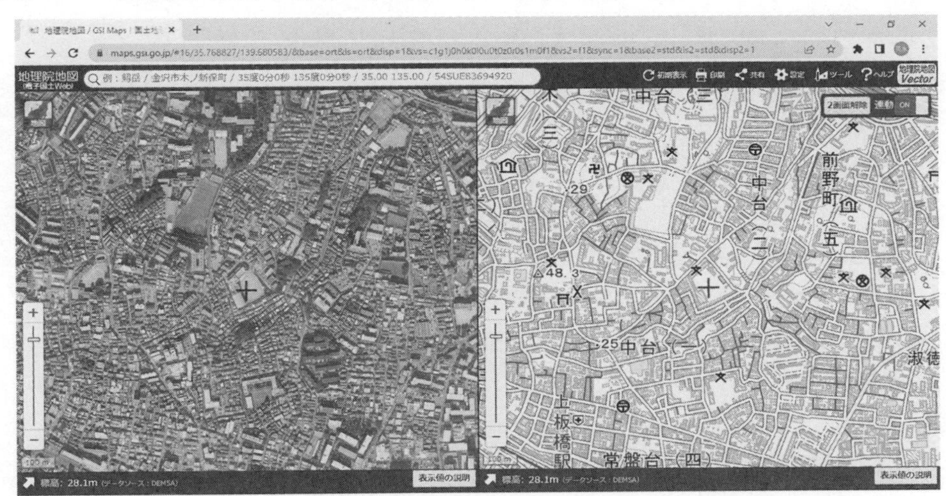

地理院地図（国土地理院より）による空中写真との比較
：地形図で確認したところの実際がわかりやすい

次に Google マップを活用する。Google マップの活用では，特にストリートビューを活用し，地域を実際に調査するように少しずつ表示されている地域を進めていく。このとき，何となく眺めるのではなく，第 1 時で設定した調査テーマに着目させ，地理的な視点で地域を観察するよう指導する。

ストリートビューでは，画面の左上に少し前の時期の画像に切り替えられる機能が付いているので活用させる。時々この機能を使って少し前の時期の様子を表示させ，「いつ頃，どこの場所が，どのような様子から，どのような様子へと変わったのか」というポイントを逃さないように地域の変化を読み取らせる。

また，ストリートビューは，様々な角度からの画像が見られるのでいろいろな方向から地域を眺めさせ，実際に地域を歩いて調査している感覚で調べさせる。ストリートビューで地域を調べていく中で，重要な場面はスクリーンショットで写真を撮っておく。この写真はまとめの中で活用できる。デジタルなので必要と思われるものはとりあえず撮っておくことを指導する。多くなったとしても第５時の段階で取捨選択ができるし，デジタルなので保存するにしても場所を取るわけではないので便利である。

なお，デジタルマップでの調査活動は，中項目（３）「日本の諸地域」の学習でも応用できるので，この学習の中で慣れさせておきたい。

ストリートビューの画像：左上に2009年の写真があり，住宅が増えたことがわかる

さらには，空中写真との比較や古い年代の地形図との比較から，地域の変化を読み取らせる。空中写真との比較はGoogleマップでもできるが，新旧の比較調査では，埼玉大学教育学部の谷謙二先生がWeb上で公開されている「今昔マップ on the web」も多くの機能があり便利である。「今昔マップ on the web」だと古い年代の地形図だけでなく，古い年代の空中写真とも比較できるので発見も多いであろう。

標高については，地理院地図で任意の地域の３Ｄ画像も表示できるので，起伏のある地域を対象とした場合はこの機能も活用するとよい。この機能の中には，表示した地域の３Ｄプリンター用データも作成できるので，３Ｄプリンターのある学校では，少々時間がかかるが実際に地域の３Ｄ模型をつくってみるのも面白い。

③まとめ

様々な調査活動をする中で得られた情報や写真はGoogleドキュメントで作成したデジタルワークシートに記録しておく。

デジタルワークシートの利点は，物理的なスペースに影響されることなく，自在に記入部分を拡大できることにある。生徒には，少しでも必要と思ったことや気付き，写真などはどんどん記録させておき，第５時の段階で吟味するよう指導する。

成果物の具体例と評価のポイント

①評価基準 A の具体例

日々の登下校の印象から坂が多いことに着目し，起伏の多い地形に絞り込んでテーマ設定している。ストリートビューから得られた情報だけでなく，他のデジタルマップからや地域調査から得られた情報を深く考察した内容が，各ポイントの説明の中に見られるので A 評価とした。

②評価基準 B の具体例

地域の特色を捉えて自ら調査テーマを設定しているが，住宅と地形というようにテーマを絞り込めていない点などで A 評価の基準までは達していないと判断して B 評価とした。

ブログを使って，身の回りで起こっている気候変動の危機を訴えよう

１人１台端末活用のポイント

本単元では，地域的特色を多面的・多角的に考察するために必要な情報（データ）の収集や整理・分析と生徒の考察の共有という点においてICT機器を活用する。必要な情報をいち早く収集し加工することによって迅速かつ的確な学習展開を設計した。

また，生徒が１人１台端末を活用して集めた情報を基にして考察を深め，気候変動の進行に対する危機感や思いもICT機器活用を想定した形式で訴えるストーリーとした。これらの活動を通して，デジタル情報の活用力やデジタルによる表現力，発信力を育てたい。

単元の目標

本単元は，我が国の地域区分や区分された地域的特色を多面的・多角的に考察し，表現する力を育成することを主なねらいとする単元で，自然環境，人口，資源・エネルギーと産業，交通・通信について日本全体の大まかな地域的特色を捉え，それに基づいて日本を地域区分し，特色ある地域から構成されていることを理解するとともに，それぞれの地域区分を，地域の共通点や差異，分布などに着目して，多面的・多角的に考察，表現し，日本の地域的特色と地域区分について，よりよい社会の実現を視野に，そこで見られる課題を主体的に追究する。

単元の評価規準

知識・技能
・自然環境，人口，資源・エネルギーと産業，交通・通信に関する特色を理解するとともに，これらに基づく地域区分を踏まえ，日本の国土の特色を大観し，理解している。日本や国内地域に関する各種の資料を基に，地域区分をする技能を身に付けている。
思考力・判断力・表現力
・自然環境，人口，資源・エネルギーと産業，交通・通信に基づく地域区分を，地域の共通点や差異，分布などに着目して，多面的・多角的に考察，表現している。
主体的に学習に取り組む態度
・日本の地域的特色と地域区分について，よりよい社会の実現を視野に，そこで見られる課題を主体的に追究しようとしている。

単元の指導計画

時	主な学習活動	評価
1	**◆日本の地域区分** ・いろいろな地域区分を考える。 ・地域区分の目的や基準，特色について整理する。（等質地域や形式地域）	・日本や国内地域に関する各種の資料を基に，地域区分をする技能を身に付けている。（知技）
2	**◆世界と日本の地形の違い** ・世界に分布する山の特色を捉え，２つの造山帯の構成を見つける。 ・日本列島の構成について世界の大陸と比較する。	・世界と日本の地形の特色や違いを理解しているとともに，日本の国土の特色を大観し，理解している。（知技）
3	**◆日本の地形のいろいろ** ・日本を構成する基本的な地形について整理する。 ・それらの地形の構成や人々の生活に与える影響について考察する。	・日本の山や川，海岸などの地形の特色を理解しているとともに，日本の国土の特色を大観し，理解している。（知技）
4	**◆日本の気候の特色** ・日本各地の気候を比較して分類する。 ・資料を活用して，日本海側と太平洋側の雨の降り方の違いを考察する。 ・自然の特色と人々の生活との関係を考察する。	・日本の気候の特色や違いを理解しているとともに，日本の国土の特色を理解している。（知技）
5	**◆日本の気候変動** ・100年前の東京の気候について予想する。 ・パフォーマンス課題に取り組む。 ・授業での考察を踏まえてブログという形式で自身の実感や思いを表現する。	・日本の地域的特色と気候変動について，よりよい社会の実現を視野に，そこで見られる課題を主体的に追究しようとしている。（態度）
6	**◆日本の自然災害** ・日本の様々な自然災害について整理し，自然災害と地域との関連を考察して区分する。 ・自然環境と自然災害との関連について考察する。	・日本や国内地域に関する各種の資料を基に，自然災害に関する地域区分をする技能を身に付けている。（知技）
7	**◆防災や減災** ・日本各地の防災や減災への取組を調べる。 ・考察した自然環境と自然災害との関連を基に，区分した地域ごとの防災や減災の在り方を考察する。	・日本の自然環境と自然災害について，よりよい社会の実現を視野に，そこで見られる課題を主体的に追究しようとしている。（態度）
8	**◆日本の人口の特色** ・資料を活用して日本の人口分布の偏りや日本の人口	・日本の人口分布の特色を基にして，よりよい社会の実現を視野に，そこで見

	構成の変化を読み取る。 ・人口分布の偏りや人口構成の変化から日本が直面する課題との関連を考察する。	られる課題を主体的に追究しようとしている。（態度）
9	**◆日本の資源・エネルギーと電力** ・日本の資源輸入先や資源の自給率，日本の電源構成やその変化と発電所の分布を調べ，その課題を考察する。 ・持続可能な資源・エネルギー利用に向けて話し合う。	・日本の資源・エネルギーに基づく地域区分を，地域の共通点や差異，分布などに着目して，その課題解決や将来像を多面的・多角的に考察，表現している。（思判表）
10	**◆日本の産業のすがた** ・日本の産業の種類や現状，変化などについて調べる。 ・調べた成果を基に日本の産業の課題を世界との関連に着目しながら考察する。	・日本の産業の特色を基にして，よりよい社会の実現を視野に，そこで見られる課題を主体的に追究しようとしている。（態度）
11	**◆日本の交通・通信の発達** ・日本の交通・通信の発達について調べ，その変化や地域による差異を理解する。 ・交通・通信の発達と地域の発展との関連を考察し，よりよい社会の実現について話し合う。	・日本の交通・通信の発達を基にして，よりよい社会の実現を視野に，そこで見られる課題を主体的に追究しようとしている。（態度）

授業展開例（第５時）

（１）パフォーマンス課題

地球温暖化や森林破壊，砂漠化など世界では気候変動による被害が深刻になっています。最近は日本でも夏の最高気温がどんどん上昇し，熱中症警戒のニュースもよく見られるようになりました。そのような中，あなたは以下のネット記事を見つけました。

「連日35℃前後まで気温が上昇する東京の夏。その暑さの中を通勤するサラリーマンにとってしばしの憩いの場となるのが冷房の効いた電車の中だ。冷房のない通勤電車なんて考えられないのだが，かつて電車にあった冷房装置といえば扇風機を指した。筆者が子どもの頃は非冷房が当たり前。ごくたまに遭遇する冷房装置の付いた車両に出くわすと，この上ない喜びを感じたものだ。首都圏でも1980年代頃までは，非冷房の車両がまだ見られた。非冷房でも何とかなったのがかつての夏。もし，今，非冷房の車両があったらどうだろうか。若い世代には考えられないことであろう。知らず知らずのうちに身近なところにも気候変動が迫ってきているのである」

この記事を読んであなたは驚愕しました。自分の感覚では，冷房のない電車なんてあり得ないのです。この記事から気候変動は，遠い外国の問題ではなく身近なところでも知らないうちに深刻化しているのだと実感したあなたは，１人１台端末を活用して，東京の

気温の変化を調べてみました。調べてみると重大なことが進行していることがわかってきました。事実を知ったあなたは，居ても立ってもいられなくなり，この状況や感じたことを自分のブログを使って発信することにしました。

（2）ルーブリック

	パフォーマンスの尺度（評価の指標）
A	・作成したブログの全体を通じて情報の整理や伝わりやすさ，作成者の思いの深さなどの点について，B 評価の基準を越え，特定の部分について極めて満足できるものや全体として十分に満足できるものとなっている。
B	・作成したブログの全体を通じて情報の整理や伝わりやすさ，作成者の思いの深さなどの点について，全体として概ね満足できるものとなっている。
C	・作成したブログの全体を通じて情報の整理や伝わりやすさ，作成者の思いの深さなどの点について，全体として概ね満足できるという段階に至っていない，または特定の部分について極めて劣っている部分が見られるものとなっている。

（3）授業の流れ

①導入

冒頭で東京の年間の気温の実感について考えさせる。「暑い」または「寒い」の 2 択で大きく捉えさせる。東京であれば「寒い」と考える方が少ないだろう。東京の年平均気温は約16℃であることを確認し，生徒の生活の中での実感と本時の授業内容をつなげたい。そして，100年前の東京の年平均気温を想像させる。気候変動についてある程度の認識のある生徒は，もっと低い気温を連想するはずだ。なお，活用するデータがそろえば，授業者の学校所在地に置き換えても可能である。

②展開

ここでパフォーマンス課題を提示する。課題にあるインターネット記事の内容に着目させ，授業者が補足しながら課題追究に対して関心や意欲を高めさせる。

課題を進めるにあたり，生徒の 1 人 1 台端末で気象庁のホームページにある「各種データ・資料」から過去の気象データを検索させる。ここでは地域や年次を指定して過去の気象データを検索できる。ここから東京の過去の年平均気温のデータを入手させる。なお，ここでは気温だけでなく様々な気象データが検索できることに気付かせる。本時では時間がないため気温に特化して進めていくが，興味や関心のある生徒は各自の時間で他のデータも検索し学習をより深めることをアドバイスする。データは東京と大阪については1800年代後半あたりから入手でき，これらを事例地域として設定するのがよいだろうが，可能ならば学校の所在地としてもかまわない。データが見つかったら，それを基にグラフ化させる。端末で使用できる表計算ソフトで容易にできるであろう。これらの活動で1人1台端末を活用して有用な情報を入手したり，加工したりする技能を高めたい。

作成したグラフを分析すると，3℃くらいの気温上昇が読み取れる。生徒はたった3℃の変化と捉えるだろうが，この3℃の上昇が大きいと捉えさせたい。平均気温3℃の上昇というようなキーワードで検索させると，平均気温3℃の上昇による影響の大きさを示すネット記事がたくさん出てくる。ここから，身近で起こっている気候変動（温暖化）の影響や深刻さを実感させていく。

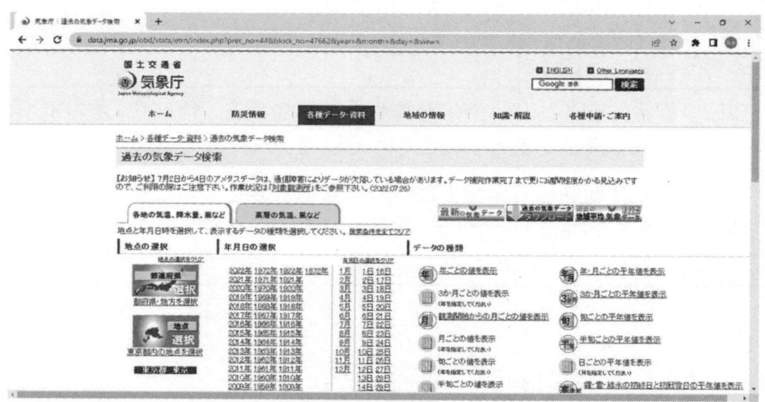

気象庁のホームページから「過去の気候データ検索」を開き，左の「都道府県選択」を決定して，右の「年ごとの値を表示」をクリックすると，設定した地点のデータが表示される

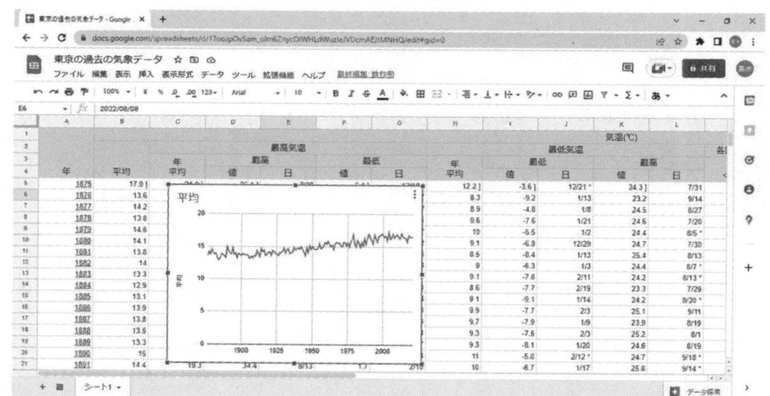

表示されたデータを読み取り，Google スプレッドシートに移して必要箇所をグラフ化する

③まとめ

個人で考えたりグループで話し合ったりしながら自身の考えを深めさせたところで，ブログづくりに入る。1人1台端末の共有ソフトを活用してブログ記事としてまとめ，共有発表をさせていく。ブログを作成させるにあたっては，「PREP 法」を意識させ，相手に思いが伝わりやすい構成を心がけさせる。ここでは ICT 機器を活用した表現力について実践的に習得する

機会とする。完成したブログはぜひ共有させたい。時間がなかなか取れないと思うので共有ソフトの機能を活用して自由な時間に閲覧し，相互評価させる。この中で，作成者の思いの伝わりやすさについても相互評価することにより効果的な表現方法について主体的に学ばせていく。

成果物の具体例と評価のポイント

①評価基準 A の具体例

作成したブログの全体を通じて情報の整理や伝わりやすさ，作成者の思いの深さなどの点について，全体として概ね満足できるものとなっているという B 評価の基準を満たし，主張の部分において，制作者の強い実感や思いを読み取ることができる。また，結論（今こそ対策を！）→理由（２つの要因）→具体例（桃生産）→再結論という PREP 法による構成が効果的に活用され，制作者の主張を支えるものとなっているので A 評価とした。

※ A 評価と B 評価の違いが伝わりやすいよう，内容は同じもので構成している。

100年前の東京の年平均気温は今よりも３℃も低い！
今こそ，温暖化・気候変動対策を自ら始めよう！
1921年：13.6℃ ⇒ 2021年：16.3℃
◆地域的規模の要因と地球的規模の要因
・温暖化の進行や異常気象の影響
・都市部のヒートアイランド現象

・生態系の変化・健康被害・感染症発生

例：桃生産の北限が福島から青森に！
→青森のりんご農家はどうなるのか？
◆たった３℃で大きな影響が身近に起こる
★この変化を私たちは真剣に受け止めるべきです。今こそ，温暖化対策・気候変動対策を自ら始めましょう！

②評価基準 B の具体例

作成したブログの全体を通じて情報の整理や伝わりやすさ，作成者の思いの深さなどの点について，全体として概ね満足できるものとなっているという B 評価の基準に対して概ね合致している。さらに極めて満足の部分があると A 評価となるのだが，構成や表現の工夫など伝わりやすさの点やタイトルや文末の表現による思いの深さなどについて極めて満足のいくレベルには達してはいないと判断し B 評価とした。

※紙面の都合上，色の使用や写真・グラフなどの使用は省略した。

身近なところで気候変動が起こっている！

◆地域的規模の要因と地球的規模の要因
・多量の化石燃料の使用による温暖化の進行
・都市部で発生したヒートアイランド現象
・エルニーニョやラニーニャなど地球規模で発生する気候変動の影響
◆たった３℃で大きな影響が身近に起こる
・生態系の変化・健康への被害・感染症の発生などの大きな問題が発生
例えば：桃生産の北限が福島から青森に！
→青森のりんご農家の受ける影響とは？
→青森のりんご農家はどうなるのか？
◆たった３℃，されど３℃
この変化を私たちはどのように受け止めていったらいいのだろうか？！

トライアングルチャートを使って，3つの要素の関係を明らかにしよう

1人1台端末活用のポイント

本単元では，交通網，地域，人々という3つの要素の関係を明確化するために思考ツールを活用する。活用にあたっては，Google Jamboard でトライアングルチャートのシートを用意し，グループでメンバーに付箋の色を振り分け交通網と地域，交通網と人々，人々と地域のそれぞれの関係について，学習したことを振り返りながら短文で書き込み貼っていく。いきなり考えるのは難しいが，このトライアングルチャートでそれぞれの関係を明らかにした上で，3通りの要素全体の関係を考えていくとまとまりやすい。Google Jamboard の活用は，付箋への書き込みや移動，共有や授業者の管理がしやすいのが利点である。

単元の目標

中国・四国地方の地域的特色や地域の課題を理解するとともに，本州四国連絡橋や高速道路網，鉄道，航路や航空路など交通に関する特色ある事例を中核として，それを中国，四国地方の産業や人口，都市・村落などに関する事象と関連付け，交通が地域の産業や人口，都市・村落などと深い関係をもっていることや地域間の結び付きの整備が地域の課題や発展につながることなどについて多面的・多角的に考察し，よりよい社会の実現を視野に，そこで見られる課題を主体的に追究する。

単元の評価規準

知識・技能
・中国・四国地方の地域的特色や地域の課題を理解するとともに，交通を中核とした考察の中で取り上げた特色ある事象と，それに関連する他の事象やそこで生ずる課題を理解している。
思考力・判断力・表現力
・本州四国連絡橋や高速道路網，鉄道，航路や航空路など交通に関する特色ある事例を中核として，それを中国，四国地方の産業や人口，都市・村落などに関する事象と関連付け，交通が地域の産業や人口，都市・村落などと深い関係をもっていることや地域間の結び付きの整備が地域の課題や発展につながることなどについて多面的・多角的に考察している。
主体的に学習に取り組む態度
・中国・四国地方について，よりよい社会の実現を視野に，そこで見られる課題を主体的に追究しようとしている。

単元の指導計画

時	主な学習活動	評価
1	**◆中国・四国地方の自然環境** 日本海と太平洋に面し，瀬戸内海をはさんで向かい合う中国・四国地方の自然環境の特色を理解する。	・中国・四国地方の地域的特色や地域の課題を理解するとともに，交通を中核とした考察の中で取り上げた特色ある事象と，それに関連する他の事象やそこで生ずる課題を理解している。（知技）
2	**◆交通網の整備と地域の変化** 本州四国連絡橋や高速道路の整備によって，人々の生活はどのように変化したのかを多面的・多角的に考察する。	・交通網の整備が地域間の結び付きや地域の人口，都市・村落などと深い関係をもち，地域の課題や発展につながることについて多面的・多角的に考察している。（思判表）
3	**◆全国に出荷する中国・四国地方の農産物** 交通網の発達によって他地域との結び付きを強めていく中で，農業振興がどのように進められているのかを多面的・多角的に考察する。	・交通網の整備が地域間の結び付きや地域の産業と深い関係をもち，地域の課題や発展につながることについて多面的・多角的に考察している。（思判表）
4	**◆瀬戸内海沿岸で発展した中国・四国地方の工業** 海上交通を活用し他地域との結び付きを強めていく中で，工業の発展がどのように進められているのかを多面的・多角的に考察する。	・交通網の整備が地域間の結び付きや地域の産業と深い関係をもち，地域の課題や発展につながることについて多面的・多角的に考察している。（思判表）
5	**◆交通網の整備を生かして発展をねらう地域** 交通網の発達によって他地域との結び付きを強めていく中で，過疎の解決と地域の発展を多面的・多角的に考察する。	・交通網の整備が地域間の結び付きや地域の人口と深い関係をもち，地域の課題や発展につながることについて多面的・多角的に考察している。（思判表）
6	**◆中国・四国地方のこれから** 単元の学習を振り返り，交通網と地域，交通網と人々，人々と地域のそれぞれの関係についてトライアングルチャートを活用して総合的に考察し，中国・四国地方についてよりよい社会の実現を視野に，そこで見られる課題やその解決を主体的に追究する。	・中国・四国地方についてよりよい社会の実現を視野に，そこで見られる課題やその解決を主体的に追究しようとしている。（態度）

授業展開例（第 6 時）

（1）パフォーマンス課題

あなたは地域と交通網との関係を研究する研究所の職員です。研究所に中国・四国地方の自治体連合会から交通網と人々や地域との関係を明らかにする依頼が入りました。その数日後，あなたは所長に呼ばれてこのような話をされました。

「今回，中国・四国地方の自治体連合会から，交通網と人々や地域との関係を明らかにするという依頼が来ているのは知っているだろう。そこで研究所では新たにプロジェクトチームを立ち上げることにした。そのチームに君を推薦する。君は，他のメンバーとともに中国・四国地方の地域的特色や地域の課題について，交通網と人々や地域との関係という視点から調査・研究を進め，その成果をまとめて報告してくれ。今回は 3 つの要素が絡んでいる案件なので，結構複雑だと思う。そこで分析にはトライアングルチャートを使って丁寧に分析してほしい。また，見つかった課題の解決や地域のよりよい発展についても提言できるといいのだが。内容の濃い調査報告書を期待しているぞ」

所長の話を聞いたあなたは，他のメンバーとともにさっそく中国・四国地方に入り，地域の調査を人々の生活，農業，工業，過疎の項目に分け，それぞれを交通網との関係を重視しながら始めるのでした。

（2）ルーブリック（単元の学習後のレポートを評価）

	パフォーマンスの尺度（評価の指標）
A	・単元の学習を振り返り，交通網と地域，交通網と人々，人々と地域のそれぞれの関係について，トライアングルチャートを使って分析したことを基にして総合的に考察し，中国・四国地方についてよりよい社会の実現を視野に，そこで見られる課題やその解決を主体的かつ具体的，現実的に述べている。
B	・単元の学習を振り返り，交通網と地域，交通網と人々，人々と地域のそれぞれの関係について，トライアングルチャートを使って分析したことを基にして総合的に考察し，中国・四国地方についてよりよい社会の実現を視野に，そこで見られる課題やその解決を主体的に述べている。
C	・交通網と地域，交通網と人々，人々と地域のそれぞれの関係についての考察が不十分であったり，中国・四国地方についてよりよい社会の実現を視野に入れても，そこで見られる課題やその解決への追究が不十分であったりしている。

（3）授業の流れ

①導入

前時までの単元の学習を振り返り，中国・四国地方の交通網と地域，交通網と人々，人々と地域のそれぞれの関係から人々の生活，農業，工業，過疎をワークシートで振り返る。ワークシートは以下の図のようなマトリクスを用意しておき，それぞれの関係が整理できるようにしておく。

	交通網と地域	交通網と人々	人々と地域
生活			
農業			
工業			
過疎			

なお，パフォーマンス課題は，単元の学習全体を見通して設定しているので，第１時の中で示しておく。また，第１時で示しておくと，単元の学習の流れや目標，最終的な学習課題を見通しながら生徒が主体的に学習を進められる。

②展開

４～５人のグループを設定し，Google Jamboard に用意したトライアングルチャートに，ワークシートを参考にしながら付箋で記入していく。ここで，メンバーと付箋の位置や内容の加筆修正などを議論しながら，お互いに思考を深めていく。

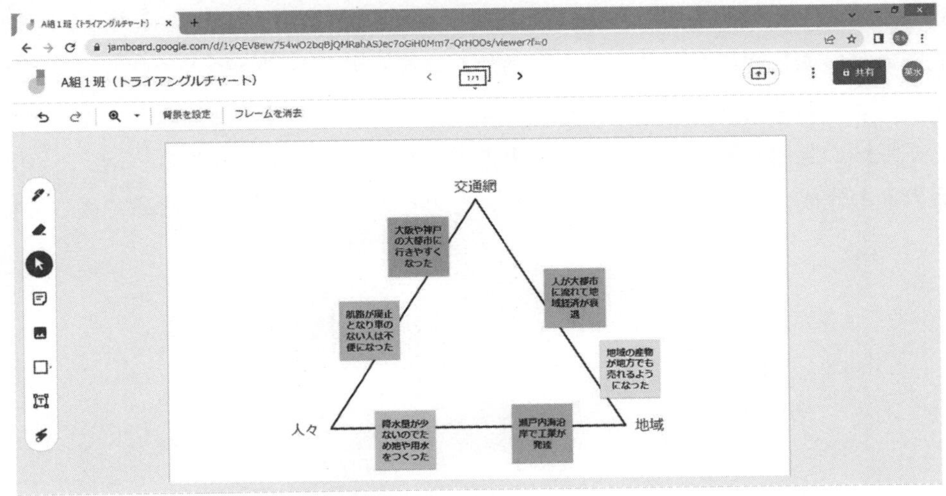

Google Jamboard によるトライアングルチャートの例①

付箋の色はメンバーに割り当て，誰が書いたものかがわかるようにする。ある程度付箋が貼られたら，位置や内容について議論し，加筆修正していく。授業者は，生徒の活動を一覧画面で確認しながら適時指導を行う。

付箋が貼られ，ある程度の議論や加筆修正が終わったら，交通網と地域，交通網と人々，人々と地域のそれぞれの関係を総合して交通網と中国・四国地方との関係を考察する。また，ここで地域の課題が見えてきたら，その課題の解決についても議論する。考えたことは要点を付箋に書いてトライアングルチャートの真ん中に貼っていく。

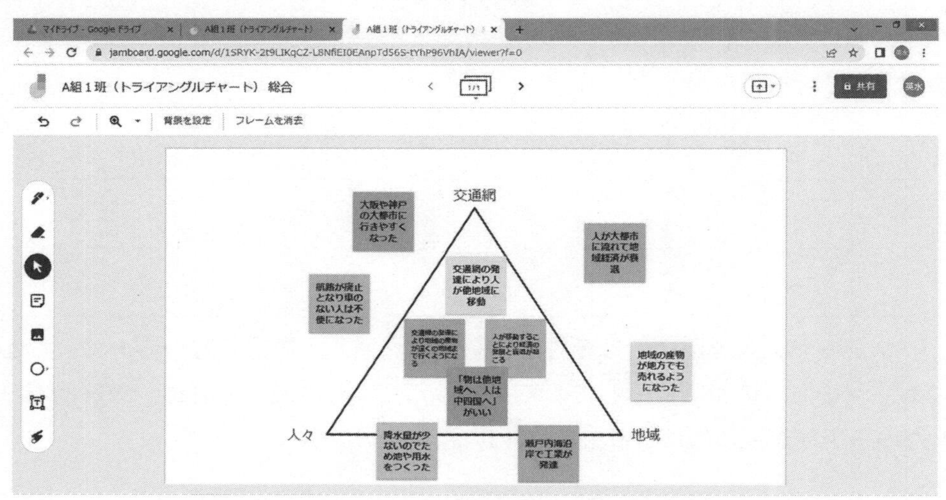

Google Jamboardによるトライアングルチャートの例②

上記は議論や加筆修正の後，３つの要素を総合的に考察している場面である。総合した考察はトライアングルチャートの真ん中に貼っていく。

③まとめ

総合的な考察がある程度できてきたら，画面を共有してそれぞれのポイントを発表させる。そして，ここまでの活動を生かしながら，中国・四国地方における交通網・人々・地域の総合的な関係や地域の課題と解決について調査報告書（レポート）を作成する。

調査報告書の作成は，授業時間内では厳しいと思うので，提出期限を決めて後日の提出とする。

成果物の具体例と評価のポイント

①評価基準Aの具体例

今回の調査から，中国・四国地方の人々の生活，農業・工業・過疎について交通網の発達が大きく関係していることが明らかとなった。交通網と人々の生活との関係では，本州四国連絡橋や高速道路網が整備されたことによって大阪や神戸などの大都市との結び付きが強くなり，都市への移動が楽になったり，新たな観光客を誘致したりできるようになったが，新たな交通網を利用できない人たちは不便になったということもある。また，地域経済は観光産業の発展や地域の産物などの市場が広がった利点もあれば，ストロー現象による産業や商業の衰退もある。

これらの状況を総合すると，「物は外，人は内」という流れを重視した総合的な政策が効果的と考える。地域の産物は他地域との結び付きを利用してさらなる市場の拡大を目指す一方で，人は他地域との結び付きを利用して外から中国・四国地方に来てもらい，観光振興などにつなげていく。市場拡大と観光振興を中国・四国地方のどこでも共通する基本政策と位置付け，さらに各地域の特色に合わせた具体策（出雲大社や讃岐うどんのPR，かんきつ類など特産物の販売拡大）を組み合わせて地域のよさを他地域に広めることが地域の発展に有効だと考える。

B評価の基準を満たした上で，「市場拡大と観光振興を中国・四国地方のどこでも共通する基本政策と位置付け，さらに各地域の特色に合わせた具体策を組み合わせていく」という具体的，現実的な記述が見られるのでA評価とした。

②評価基準Bの具体例

今回の調査から，中国・四国地方の人々の生活，農業・工業・過疎について交通網の発達が大きく関係していることが明らかとなった。交通網と人々の生活との関係では，本州四国連絡橋や高速道路網が整備されたことによって都市への移動が楽になったり，新たな観光客を誘致したりできるようになったが，一方で不便になったということもある。また，地域経済は市場が広がった利点もあれば，産業や商業の衰退もある。

これらの状況を総合すると，「物は外，人は内」という流れを重視した総合的な政策が効果的と考える。地域の産物は他地域との結び付きを利用してさらなる市場の拡大を目指す一方で，人は他地域との結び付きを利用して外から中国・四国地方に来てもらい，観光振興などにつなげていくことが地域の発展に有効だと考える。

「単元の学習を振り返り，交通網と地域，交通網と人々，人々と地域のそれぞれの関係について，トライアングルチャートを使って分析したことを基にして総合的に考察し，中国・四国地方についてよりよい社会の実現を視野に，そこで見られる課題やその解決を主体的に述べている」という基準は満たしているが，具体的，現実的な記述が見られないのでB評価とした。

地域の課題を追究し，よりよい地域の在り方を構想しよう

1人1台端末活用のポイント

本単元では，Googleドキュメント，Googleスプレッドシート，Google Jamboard，Googleスライドといったアプリケーションを駆使して地域の課題を追究し，よりよい地域の在り方を構想，追究していく。Googleスプレッドシートは，日本の諸地域の単元で学習してきた地域的特色や地域の課題を整理するのに利用し，Google Jamboardは，課題の要因や解決を構想する際の思考整理に利用する。そして，これらの成果はスライドにまとめて発信していく。1人1台端末の中では同時に複数のシートを開いたり，内容をコピーしたりと共有性が高いのも便利な点である。また，1人1台端末のアプリケーションは，クラウドの中にあるので，学校外での時間も自由に活用できるため，授業時間に縛られることなく課題を追究し，解決を構想することができる。

単元の目標

地域の実態や課題解決のための取組や地域的な課題の解決に向けて考察，構想したことを適切に説明，議論しまとめる手法について理解するとともに，地域の在り方を，地域の結び付きや地域の変容，持続可能性などに着目し，そこで見られる地理的な課題について多面的・多角的に考察，構想，表現し，地域の在り方について，よりよい社会の実現を視野にそこで見られる課題を主体的に追究，解決しようとする。

単元の評価規準

知識・技能
・地域の実態や課題解決のための取組や地域的な課題の解決に向けて考察，構想したことを適切に説明，議論しまとめる手法について理解している。
思考力・判断力・表現力
・地域の在り方を，地域の結び付きや地域の変容，持続可能性などに着目し，そこで見られる地理的な課題について多面的・多角的に考察，構想し，表現している。
主体的に学習に取り組む態度
・地域の在り方について，よりよい社会の実現を視野に，そこで見られる課題を主体的に追究，解決しようとしている。

単元の指導計画

時	主な学習活動	評価
1	**◆課題の把握** Google スプレッドシートで日本の諸地域における課題や持続可能な地域づくりに向けての取組を整理する。	・地域の実態や課題解決のための取組や地域的な課題の解決に向けて考察，構想したことを適切に説明，議論しまとめる手法について理解している。（知技）
2	**◆対象地域の把握** インターネットで地域の情報を探したり地理院地図 vector の機能を活用したりして，対象地域の実態と地域に見られる課題を把握する。	・地域の実態や課題解決のための取組や地域的な課題の解決に向けて考察，構想したことを適切に説明，議論しまとめる手法について理解している。（知技）
3	**◆課題の要因や解決の考察** 地域の課題の実態や要因，解決の構想を Google Jamboard の付箋機能を活用してウェビング図をつくって考察する。	・地域の在り方を，地域の結び付きや地域の変容，持続可能性などに着目し，そこで見られる地理的な課題について多面的・多角的に考察，構想している。（思判表）
4	**◆課題解決に向けた考察の整理** 考察の過程や課題の解決策を整理し，6枚のスライドにまとめる。	・地域の在り方を，地域の結び付きや地域の変容，持続可能性などに着目し，そこで見られる地理的な課題について多面的・多角的に表現している。（思判表）
5	**◆構想の成果発表** Google スライドを活用しながら，地域の構想やよりよい在り方についてグループ内発表をする。選抜作品はデジタルサイネージなどを活用して校内でも発表する。	・地域の在り方を，地域の結び付きや地域の変容，持続可能性などに着目し，そこで見られる地理的な課題について多面的・多角的に表現している。（思判表）
6	**◆地理学習の成果のまとめ** 発表会を終えて感じたことや考えたこと，また，2年間の地理学習を終えて感じたことや考えたことを Google ドキュメントで記述する。	・地域の在り方について，よりよい社会の実現を視野にそこで見られる課題を主体的に追究，解決しようとしている。（態度）

授業展開例（単元を通して）

（1）パフォーマンス課題

あなたは全国各地を旅しながら，地域のよさや課題を追究している地理ジャーナリストです。あなたが契約する地理情報会社では，全国各地を回って，これからの地域の在り方を提案する特集「6枚のスライドで表現する，持続可能なよりよい地域の在り方」を企画することとなり，あなたは企画担当の候補者として声をかけられました。

あなたは，スライドを作成するにあたって，これまで旅してきた全国各地の地域的特色や地域の課題とその対応などを整理し，全国各地の中から1つの地域を選んで地域の実態や課題を明らかにし，持続可能なよりよい地域の在り方を構想し提案します。

この特集の制作にあたっては，編集部から提供されている1人1台端末を活用します。これまで旅してきた日本の諸地域の特色や課題をGoogle スプレッドシートに整理し，対象地域を決めた上で改めてインターネットで最新の情報を集めたり，国土地理院が提供しているweb 地形図の地理院地図 vector の機能を活用して地域を調べ直したりと，スライド制作の材料を熱心に集め実態や課題の把握や課題の解決策，よりよい地域の在り方を構想するのでした。

そして，成果は6枚のスライドに効果的にまとめられ，まずは社内のグループ発表で他の記事の作品と競い合います。優秀な内容の記事については，デジタルサイネージを使って様々なところで発表されることとなるでしょう。あなたは，これまでの地理ジャーナリストとして取り組んできたことすべてを投入して頑張ります。

あなたの壮大な地理ジャーナリストとしての仕事が終わりました。世界や日本の様々な地域を調べてよさや課題を明らかにし，持続可能な地域づくりのための方策を考えてきたあなたにはこみ上げる思いがありました。この発表会を終えて感じたことや考えたこと，また，2年間の世界や日本の地域調査を終えて感じたことや考えたことを，Google ドキュメントを使って記録に残しました。

（2）ルーブリック

	パフォーマンスの尺度（評価の指標）
A	・単元の学習の成果を生かして，地域の在り方を，地域の結び付きや地域の変容，持続可能性などに着目し，そこで見られる地理的な課題について多面的・多角的に考察，構想し，より独創的に表現している。
B	・地域の在り方を，地域の結び付きや地域の変容，持続可能性などに着目し，そこで見られる地理的な課題について多面的・多角的に考察，構想し，表現している。

C	・地域の結び付きや地域の変容，持続可能性などへの着目が不十分であったり，多面的・多角的な考察，構想が不十分であったりする。

（3）授業の流れ

①導入

第１時で本単元の意味や構成について簡単に説明した後，パフォーマンス課題を生徒に提示する。本単元は，このパフォーマンス課題のストーリーに沿って進めることや最終的に制作する課題について確認する。ここでは北海道を事例として授業の流れを紹介する。

②展開

第１時は，これまでの日本の諸地域の学習の成果を振り返りながら Google スプレッドシートに整理していく学習活動を行う。教科書だけでなくこれまでのノートやワークシートを振り返らせ，新たに調べるのではなく，あくまでもこれまでの学習の成果を振り返らせる。

	九州地方	中国・四国地方	近畿地方	中部地方	関東地方	東北地方	北海道地方
中核考察	自然環境	交通・通信	歴史的景観保全 環境保全	産業	人口・都市・村落	伝統文化と復興	自然環境
地域的特色	火山が多く分布 アジアに近い位置 温暖な気候 離島が多い	瀬戸内の特殊な気候 山陰と山陽のちがい 本州四国連絡橋の開通 大都市とのつながり	歴史のある都市と街並み 日本一の琵琶湖 第二の都市大阪 商業が発展してきた地域	特色ある３つの地域 自動車産業が盛んな中京 気候の特色に合わせた産業	日本の首都東京 広大な関東平野 都市での生活 都市向けの農業 水源林としての山地	厳しい自然環境 伝統的な農業 東日本大震災 伝統的な産業	冷笑な気候 雪が多い 広大な大地 開拓、開発の歴史 豊かな自然
地域の課題	火山の噴火による被害 シラス台地での農業	山陰地域の過疎 ストロー現象 交通網の変化と生活の変化 海外製品との競争	歴史的景観の不便さ 開発による環境破壊 中小企業の厳しい経営 林業の衰退	水が得にくい台地での農業 雪の多い北陸 産業の変化	過密問題 ドーナツ化現象 山間部で進む過疎	厳しい自然環境での農業 震災からの復興	冷涼な気候での生活 厳しい漁業規制 厳しい環境での農業
持続可能な地域づくり	火山の利用 観光開発 シラス台地での農業の工夫 温暖な気候を生かす	地域の産業の工夫 観光開発 交通網を生かした工夫 多品種化による工夫	開発と歴史的景観の調和 琵琶湖の環境保全 工場と住民との共生 技能の習得推進	自然環境に対する工夫を凝らした農業 伝統工芸を生かす 時代に合わせて変化	再開発 UターンやIターンの促進 都市部での環境保全と新しい街づくり	伝統を生かしたまちづくり 震災からの復興が進む 交通網の発達を生かす	開拓の歴史 自然を生かした産業 自然環境との共存

第１時：Google スプレッドシートで日本の諸地域の学習内容を振り返って整理する

第２時は，インターネットやデジタルマップなどを活用して対象地域の実態と地域に見られる課題を把握する。デジタルマップは国土地理院が提供する地理院地図 vector が有効である。

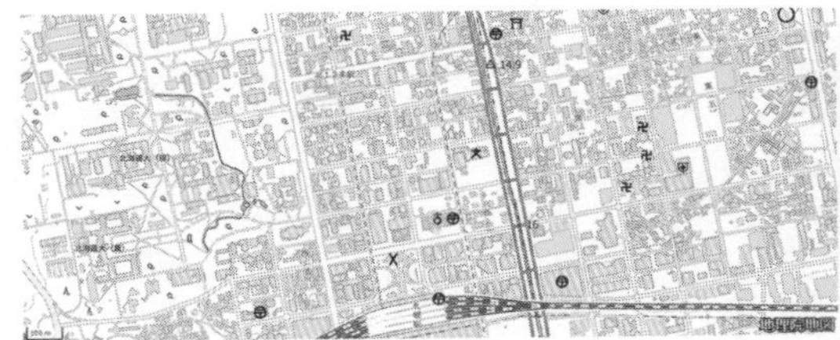

第２時：地理院地図 vector（国土地理院より）で対象地域を調べる。スライドの連続で見ると比較しやすい

地図だけでなく同地域の写真を同じ縮尺ですぐに表示できるので，地域の様子や利用などがよくわかる。他にも Google マップや Googl　Earth など，これまでの地理学習で活用したデジタルマップも自由に活用させる。

第３時は，地域の課題の実態や要因，解決の構想をGoogle Jamboardでウェビング図をつくり考察する。気付いたことを簡単に入力した付箋を自由に貼ることができるので，発想を拡大しながら付箋を増やしていく。第１考察の部分で付箋の色を決め，その発想の拡大を同じ色にしておくと，思考の全体像が捉えやすい。有色の線も展開に合わせて活用させる。

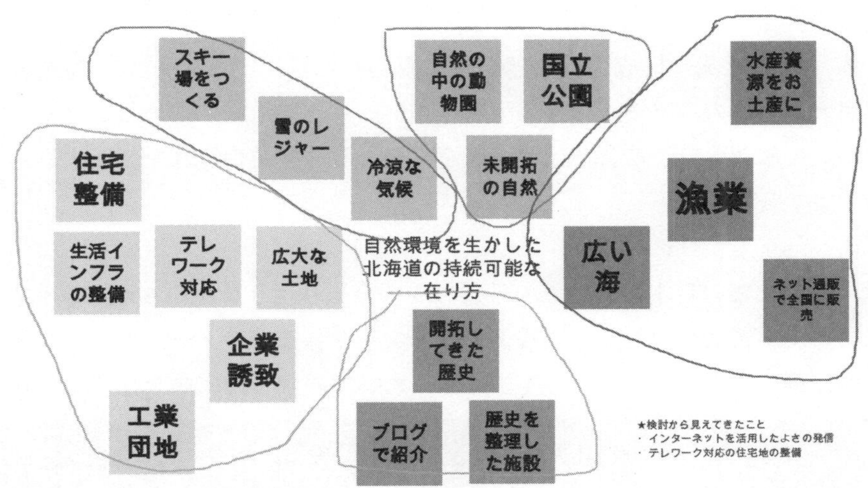

第３時：解決の構想をGoogle Jamboardでウェビング図をつくり考察する

第４時では，第３時で考えた思考を６枚のスライドに整理する。以下にスライドの割り当て例を示すが，授業者の考えや生徒の実態などに合わせて設定してほしい。

（１）追究するテーマについて
（２）テーマ設定の理由など
（３）調査の様子
（４）調査結果の概要
（５）地域の在り方についての構想
（６）まとめ

第５時は，完成したスライドを活用してグループ内での発表を行う。よりよい発表の仕方については国語科での学びをぜひ活用させたい。時間が取れるようであれば，グループ代表から学級代表などを決めていき，それぞれの作品のよさや考え方を共有させたい。投票には，Googleフォームを使うと短時間で集計できる。

③まとめ

第６時は，２年間の地理学習の総まとめとして設定した。地域の在り方を追究し，他者の作品を見て感じたことや考えたことだけでなく，地域に着目して空間的な広がりを意識しながら地域的特色を捉え，地域のよさや課題を追究してきた学習の中で生徒自身が感じたことや考えたことを思いきり表現させたい。

成果物の具体例と評価のポイント

①評価基準Aの具体例（スライドの内容）

（１）厳しい自然環境地域を克服する持続可能な発展
（２）厳しい自然環境の地域はどこも過疎や産業の停滞に悩んでいる
　　都市部集中，過疎と過密の原因にもなっている
（３）地理院地図で北海道の土地利用を調べる　統計資料で人口分布を調べる
　　インターネットで地域情報を調べる
（４）札幌に道内の一極集中が見られる　各地の都市と周辺での人口の偏りが見られる
（５）要因→厳しい自然環境，生活のしにくさ，三大都市から遠い
　　解決→ネット環境の活用・・・テレワーク対応の住宅都市をつくる
　　　土地は低価格，自治体の援助，通信や生活インフラの整備
　　　都会にはない自然・厳しい自然環境は地域のよさにもなる
（６）この構想は，他地域でも応用できる　よい自然環境は大きな価値をもつ
　　新しいライフスタイルを提案していくことや価値観の転換など内面の改革が重要

B評価の基準は満たしている上に，近年進展しているテレワークに着目して，通信や生活インフラの整備，自治体の支援を中心に開発の推進，新しいライフスタイルの提案，価値観の転換など「より独創的に」という点でもA評価を満たすと判断してA評価とした。

②評価基準Bの具体例（スライドの内容）

（１）地域の持続可能な発展
（２）厳しい自然環境の地域はどこも過疎や産業の停滞に悩んでいる
　　都市部集中，過疎と過密の原因にもなっている
（３）インターネットで地域情報を調べる　地図で土地利用を調べる
（４）札幌に道内の一極集中が見られる　各地の都市と周辺での人口の偏りが見られる
（５）要因→厳しい自然環境，生活のしにくさ，三大都市から遠い
　　解決→豊かな自然環境を生かした観光開発　特に雪に着目してスキー場開発
（６）厳しい自然環境という地域の課題をよさに転換していくことが重要

厳しい自然環境という地域の課題をよさに転換していくという発想から観光開発を提唱し，「地域の在り方を，地域の結び付きや地域の変容，持続可能性などに着目し，そこで見られる地理的な課題について多面的・多角的に考察，構想し，表現している」という基準は満たしているが，「より独創的に」という点でA評価には満たないと判断してB評価とした。

身近な地域の歴史について調べた成果を発表しよう

1人1台端末活用のポイント

この単元では，情報の収集や分析・整理・発表において1人1台端末を活用することで，これまで負担となっていた資料収集にかかる時間や移動などの労力を削減したり，情報の整理や分析，まとめなどを効率的に行ったりして，限られた授業時間を有効活用しながら充実した学習内容を提供する。

また，成果の発表においてはグループ内での発表だけでなくデジタルサイネージ（屋外・店頭・公共空間・交通機関など，あらゆる場所で，ディスプレイなどの電子的な表示機器を使って情報を発信するメディアの総称のこと）を活用してデジタル作品のクオリティを下げないまま幅広く発表する。学習活動は1人1台端末の活用により個人でも効率よくできることに着目し，個人の状況に合わせた指導を行うことで生徒一人ひとりの思いを存分に発揮できるようにする。

単元の目標

具体的な事柄との関わりの中で，地域の歴史について調べたり，収集したりした情報を関連付けたりまとめたりするなどの技能を身に付けるとともに，地域の歴史と自身とのつながりなどに着目して身近な地域の歴史的な特徴を多面的・多角的に考察し表現し，自らが生活する地域に受け継がれてきた伝統や文化への関心を高め，よりよい地域の実現や課題を主体的に追究する。

単元の評価規準

知識・技能
・具体的な事柄との関わりの中で，地域の歴史について調べたり，収集したりした情報を関連付けたりまとめたりするなどの技能を身に付けている。
思考力・判断力・表現力
・地域の歴史と自身とのつながりなどに着目して身近な地域の歴史的な特徴を多面的・多角的に考察し表現している。
主体的に学習に取り組む態度
・自らが生活する地域に受け継がれてきた伝統や文化への関心を高め，よりよい地域の実現や課題を主体的に追究しようとしている。

単元の指導計画

時	主な学習活動	評価
1	**◆調べるテーマを決めよう** ・身近な地域の歴史について知っていることや学習したことを確認する。 ・単元の学習の流れを確認する。 ・グループ編成と担当テーマを決める。	・自らが生活する地域に受け継がれてきた伝統や文化への関心を抱いている。(態度)
2 3	**◆テーマに合わせて情報を収集しよう** ・インターネットや新旧の地図比較ソフトを使って，担当したテーマの歴史について情報を収集する。 ・休日や放課後の時間を使って現地調査に行ってみる。 ・収集した情報は漏れなくデジタルワークシートに記録する。	・地域の歴史についての有用な情報を効率的に調べたり，収集したりするなどの技能を身に付けている。(知技)
4	**◆調べたことを分析・整理しよう** ・収集した情報を関連付けたり，自身の言葉でまとめたりする。 ・図表や写真と文章との関連を考える。 ・スライドの構成を考える。	・収集した地域の歴史についての有用な情報を関連付けたりまとめたりするなどの技能を身に付けている。(知技) ・地域の歴史と自身とのつながりなどに着目して身近な地域の歴史的な特徴を多面的・多角的に考察し表現している。(思判表)
5	**◆スライドにまとめて発表準備をしよう** ・分析や整理を基にして，スライドを作成する。 ・デジタルサイネージを活用しての表現となることを考慮して，スライドだけで他者に伝える工夫をする。	
6	**◆調査の成果を発表しよう** ・グループ内で発表する。 ・グループ内での優秀賞を決める。 ・各グループの優秀賞の中から学級での最優秀賞を決める。 ・優秀な作品は，どのような点がよかったのかを学級内で討論する。	・自らが生活する地域に受け継がれてきた伝統や文化への関心を高め，よりよい地域の実現や課題を主体的に追究しようとしている。(態度) ※学校の事情に合わせて，各時間の配当時間数は増減できるものとする。

授業展開例（単元を通して）

(1) パフォーマンス課題

区役所では，1階のロビーにデジタルサイネージによる電子掲示板を設置することになりました。デジタルサイネージとは，屋外・店頭・公共空間・交通機関など，あらゆる場所で，ディスプレイなどの電子的な表示機器を使って情報を発信するメディアの総称のことです。デジタルサイネージは，これまでのアナログの掲示板ではできなかった表現による情報発信メディアで，明確な目的と効果を伴って情報を送り届ける手段として注目されています。

この計画を活用しようと考えた教育委員会では，1階ロビーに設置されるデジタルサイネージを利用して区内中学校での学習成果について広く発信することを目的に，区内各中学校の授業で作成したデジタル作品を，区役所1階ロビーに設置したデジタルサイネージで展示することを企画し，作品募集を行いました。

この企画を受けてあなたの中学校では，1年生の歴史学習の成果を応募することになりました。区内の歴史に関する事項から一人ひとりがテーマを選び，それについて調べた成果をスライドにまとめた作品をつくります。社会科担当の先生は，「デジタルサイネージを利用しての発表となるから，存分にデジタル機器を活用して作品づくりを進めよう」と言っています。あなたは，入学と同時に配布された1人1台端末を使いながら，授業で示された制作計画に基づいて作品づくりを始めました。さて，あなたの作品は，厳しい審査を勝ち抜き，区役所の1階ロビーを飾ることはできるでしょうか。

(2) ルーブリック

	パフォーマンスの尺度（評価の指標）
A	・地域の歴史についての有用な情報を収集し，それらを自身の考察の中で深めながらまとめている。 ・地域の歴史と自身とのつながりなどに着目して身近な地域の歴史的な特徴を多面的・多角的に考察し表現している。
B	・地域の歴史についての有用な情報を収集し，それらを自身の考察の中で関連付けながらまとめている。 ・地域の歴史と自身とのつながりなどに着目して身近な地域の歴史的な特徴を多面的・多角的に考察し表現している。
C	・収集した地域の歴史についての情報が網羅的に並べられている。 ・身近な地域の歴史的な特徴について，地域の歴史と自身とのつながりなどの視点が不足した考察，表現となっている。

(3)授業の流れ

第1時「調べるテーマを決めよう」

本単元の学習は，自らが生活する地域や，受け継がれてきた伝統や文化への関心をもたせることが，目標の一つとなっているので，導入では，生徒に小学校で学習した地域の歴史に関する知識を発表させたり，地域の歴史に関係する場所や物の写真を見せたりするなど，地域の歴史に関心を高める工夫を心がける。

展開部では，パフォーマンス課題を提示し，本単元の学習過程について説明しながら，全時間の見通しをもたせる。また，単元の学習を進めるにあたってのグループ編成やグループ内で担当するテーマの選択など，準備を行う。板橋区を例とすると以下のような学習テーマを準備し，個人の趣向を基としながらも，グループ内での重なりがないよう，話合いで決めさせる。

・加賀藩前田家とのつながり　・陸軍造兵廠と近代産業　・宇喜多秀家と東光寺
・志村みの早生大根　・中山道と板橋宿　・高島秋帆と高島平　・乗蓮寺と東京大仏
・板橋区はいつできたのか　など　(板橋区の例)

第2・3時「テーマに合わせて情報を収集しよう」

選択したテーマについて，情報を集める。基本的には1人1台端末でインターネットを活用しての情報収集を中心とするが，図書室などの文献資料を活用するなど，各学校の事情に合わせて柔軟に工夫する。また，収集する情報も文章ばかりに偏ることなく，写真や絵画，図表などの収集も促す。さらには，地理院地図やデジタルマップなども活用させ，対象物の位置や分布などにも着目させ，地理学習との関連についても配慮できるとよい。特に新旧の地形図比較が容易にできるサイトもあるので，活用を考えたい。収集した情報は，1人1台端末を使ってデジタルワークシートに漏れなく入力させる。デジタルワークシートは，紙のワークシートと違ってスペースの制限を受けなかったり写真や図表などの資料も簡単に記録できたりするほか，情報を整理しスライドにまとめる段階での転載が容易であることも利点である。さらには，クラウドを介して定期的に提出させることもできるので，生徒の進行状況の確認や中間段階での評価にも便利である。この部分に配当する時数は，各学校の状況に合わせて調節することができる（指導計画では例として2時間を配当した)。

第4時「調べたことを分析・整理しよう」

前時までは整理することは意識させず，有用と思われる情報を収集させているので，十分な情報量が集まった段階で，次の段階に進む。次は集めた情報を関連付けたり自身の言葉でまとめたりする活動である。ここでは，発表する最終的なイメージをもたせながら，情報と情報を関連付けて自身の考察を深めさせたい。例えばAの資料とBの資料を関連付けることによって新たな事実や自身の考察に迫らせる。また，文章情報と写真や図表など視覚情報を組み合わせての効果的な表現などについても考えさせる。なお，最終的にデジタルサイネージによる発表を考えているので，スライドは表紙とエンディングを含めて6枚（発表内容は4枚）とする。

第5時「スライドにまとめて発表準備をしよう」

情報の整理が終わったら，いよいよスライドづくりに入る。内容部分は4枚と制限をしているので，表現や構成を特に工夫させたい。限られた枚数の中でいかに充実したわかりやすいプレゼンテーションができるかを意識させる。また，デジタルサイネージによる発表と設定しているので，口頭での説明もできないことに留意させる。実際のデジタルサイネージを使った広告などを参考にさせるとよいだろう。

第6時「調査の成果を発表しよう」

スライドが完成したら発表の時間を設定する。発表の形式はグループ内で1人3分を取り，作品を鑑賞する。評価については前述したルーブリックに基づいて生徒用の評価表を用意しておく。4段階の評価と根拠や感想などの自由記述欄を配置して用意する。グループ内での鑑賞が終わったら，評価表を基にグループ内での優秀賞を決めるための議論を行う。議論に際しては印象ばかりにとらわれず，評価規準に沿った根拠ある議論にして決定させる。さらに，各グループの優秀賞を集めて，学級全体での最優秀賞を決めていく。ランキングの部分については各学校の事情に合わせて柔軟に設定を変えることが可能であろう。

優秀作品は，パフォーマンス課題に設定したように，ぜひデジタルサイネージを活用して，常設的な展示を行ってほしい。完成した作品をプリントアウトして掲示する例がよくあるが，これではせっかくのデジタル感が失われてしまう。デジタルで創作した作品は，デジタルで展示してこそ，その価値が伝わるのではないかと考える。しかし，デジタルサイネージの設備が整う学校はあまりないであろう。実際のデジタルサイネージは一つの制御機器で複数のモニターに表示させるので表現効果や見た人に与えるインパクトは大きいが，重要なのはデジタルで展示することにあるので，PCとモニターをつないで常時流しておくだけでもかまわない。学校でも様々なデジタル機器が導入されるようになってきているので，お手持ちの機器を工夫して活用すれば，結構効果的な展示が実現するだろう。

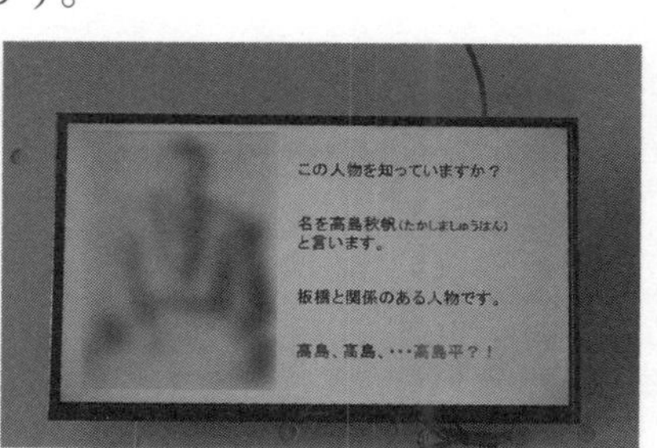

デジタルサイネージのイメージ

成果物の具体例と評価のポイント

①評価基準 A の具体例

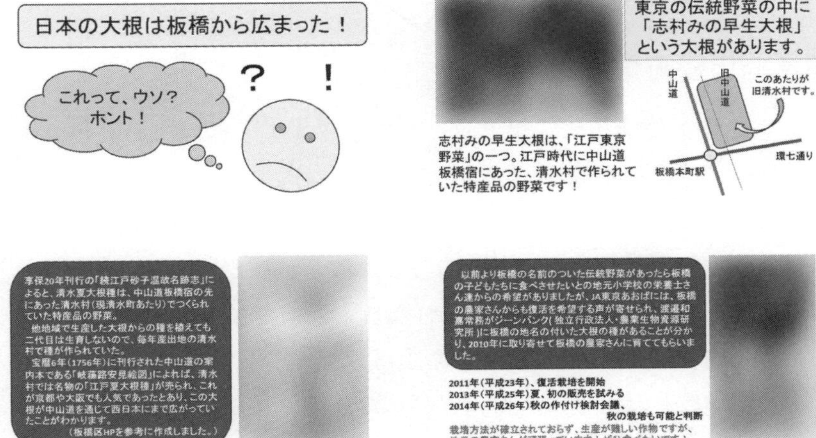

地域の歴史についての有用な情報を収集し，疑問の解決に向けて調べた成果を記載している。さらに身近な野菜だからこそ食べてみたいという思いを現在での生産に対する努力につなげて表現しているので A 評価とした。

②評価基準 B の具体例

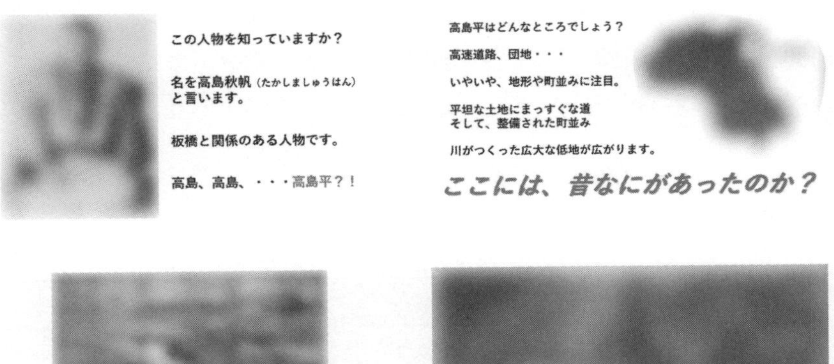

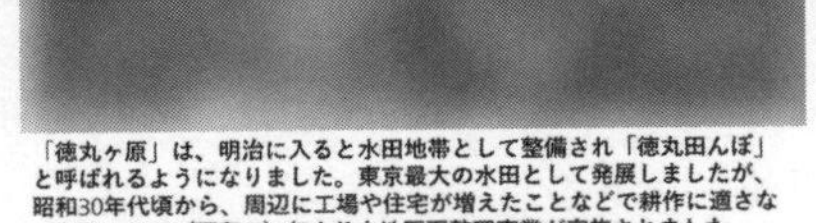

高島秋帆と高島平について有用な情報を収集し，その関連について自身の捉えを基に説明しているが，高島平の説明において若干深まりが足りないところが見られる。また，身近な地域と歴史的人物とをつなげてはいるが，多面的・多角的という点ではもう一歩工夫が考えられるところがあるので B 評価とした。

思考ツールを活用し，聖徳太子の業績を分析しよう

1人1台端末活用のポイント

本単元では，主に個人で活用する思考ツールとして1人1台端末の利便性を生かす。本時の題材である聖徳太子の業績を分析するにあたり，ベン図をGoogle Jamboard上に用意して付箋に記入したものを自由に貼っていく。紙のベン図と違って字を書いたり付箋を貼ったりする動作が簡単で，作成途中に付箋がはがれてしまうことがなく，間違いなどを修正したりすることも簡単である。Google Jamboardは手軽な個人用ホワイトボードという使い方でも重宝する。1人1台端末であればデバイスを立ち上げればすぐに使えて，片付けるのにも手間がかからない。また，作成したものはすぐに保存したり提出したりすることもできる。

単元の目標

日本列島における農耕の広まりと生活の変化や当時の人々の信仰，大和朝廷による統一の様子と東アジアとの関わりなどを基に，東アジアの文明の影響を受けながら我が国で国家が形成されていったことを理解するとともに，農耕の広まりや生産技術の発展，東アジアとの接触や交流と政治や文化の変化などに着目し，日本列島における国家形成について古代の社会の変化の様子を多面的・多角的に考察，表現し，小国にまとまり律令国家に向かうまでの日本について，よりよい社会の実現を視野に，そこで見られる成果や課題と我が国の国家形成の過程を主体的に追究する。

単元の評価規準

知識・技能
・日本列島における農耕の広まりと生活の変化や当時の人々の信仰，大和朝廷による統一の様子と東アジアとの関わりなどを基に，東アジアの文明の影響を受けながら我が国で国家が形成されていったことを理解している。
思考力・判断力・表現力
・農耕の広まりや生産技術の発展，東アジアとの接触や交流と政治や文化の変化などに着目し，日本列島における国家形成について，古代の社会の変化の様子を多面的・多角的に考察し，表現している。
主体的に学習に取り組む態度
・小国にまとまり律令国家に向かうまでの日本について，よりよい社会の実現を視野に，そこで見られる成果や課題を主体的に追究しようとしている。

単元の指導計画

時	主な学習活動	評価
1	**◆縄文時代と弥生時代** 縄文時代の人々の生活と弥生時代の人々の生活とを比較し，共通する点や異なる点を整理しながらそれぞれの時代の特色と変化，東アジアの文化の影響を受けながら我が国で集団生活が営まれるようになっていったことを理解する。	・日本列島における農耕の広まりと生活の変化を基に，東アジアの文明の影響を受けながら我が国で集団生活が営まれるようになっていったことを理解している。(知技)
2	**◆小国の誕生** 稲作がさかんになると人口の増加や水田の拡大，富の発生などの変化が起こり，それらをめぐる争いの中から小国が誕生するに至るまでの様子を，多面的・多角的に考察し，表現する。	・農耕の広まりや生産技術の発展に着目し，日本列島における国家形成について，古代の社会の変化の様子を多面的・多角的に考察し，表現している。(思判表)
3	**◆大和朝廷の成立** 古墳の出現から豪族の発生やその繁栄を捉え，大和朝廷による統一の様子と東アジアとの関わりを基に，東アジアの文明の影響を受けながら我が国で国家が形成されていったことを理解する。	・大和朝廷による統一の様子と東アジアとの関わりを基に，東アジアの文明の影響を受けながら我が国で国家が形成されていったことを理解している。(知技)
4	**◆仏教伝来と聖徳太子の政治** 中国や朝鮮半島との関わりなどを基に，仏教の影響を受けながら大和朝廷の運営が行われたことや聖徳太子による新しい政策が行われたことを理解する。	・東アジアとの関わりなどを基に，東アジアの文明の影響を受けながら大和朝廷や聖徳太子の政治が行われていたことを理解している。(知技)
5	**◆聖徳太子の業績** 聖徳太子の業績について図を用いて分析し，聖徳太子の着眼点の斬新さや先見性を理解し，飛鳥時代における社会の変化の様子を多面的・多角的に考察し，表現している。	・聖徳太子の業績に着目し，日本列島における国家形成について，古代の社会の変化の様子を多面的・多角的に考察し，表現している。(思判表)
6	**◆律令国家への道のり** 単元の学習を整理して律令国家に向かうまでの日本について，よりよい社会の実現を視野に，そこで見られる成果や課題を主体的に追究する。	・律令国家に向かうまでの日本について，よりよい社会の実現を視野に，そこで見られる成果や課題を主体的に追究しようとしている。(態度)

授業展開例（第５時）

（１）パフォーマンス課題

> あなたは古代日本の歴史を研究する若手研究者です。あなたは聖徳太子の歴史的な業績に関する評価を研究しています。日夜，古代日本の歴史の研究に没頭しているあなたですが，あるとき，研究室の主任教授からこんな話がありました。
>
> 「君はいつも熱心に研究しているね。今，パソコンのベン図を使った歴史的事象の分析が注目されている。今回，我が研究室でもこの分析方法を用いて研究を進めてみようと思うのだが，君が研究テーマとしている聖徳太子の業績はこの分析方法に合っているのではないかと思う。そこで，聖徳太子の人物像と飛鳥時代における社会の変化や国家形成との関係について，パソコンのベン図を使った分析方法を用いて研究レポートを発表してくれないか。この成果が，今後の我が研究室における歴史研究の発展にもつながる大切な仕事だ。頑張ってよい成果を上げてくれ」
>
> 主任教授はそう言って研究室を出ていったのです。あなたはすぐに構想を練りました。
>
> 「ベン図は２つの項目を立ててそれを重ね合わせていく手法。聖徳太子の業績には様々あるけど２つの項目で考えると何がいいだろう。（しばし考えた後）そうだ，国の内と外という点で整理すれば何とかなりそうだ。しかし，その前に整理すべきこともあるな…」
>
> あなたはこのような思考を働かせながら分析の手順を考え始めたのでした。さて，聖徳太子の業績についての分析を進め，聖徳太子の人物像と飛鳥時代における社会の変化や国家形成との関係についてどのような研究レポートができあがるでしょうか。主任教授からの期待を背負って，あなたは分析に取りかかるのでした。

（２）ルーブリック（学習の後に書く研究レポートを評価する）

	パフォーマンスの尺度（評価の指標）
A	・聖徳太子の業績について国内の改革（国の内側）と東アジア外交（国の外側）を総合した分析を行い，それを基にして聖徳太子の人物像と飛鳥時代における社会の変化や国家形成との関係について十分満足のいく内容で具体的，主体的に自身の考えを述べている。
B	・聖徳太子の業績について国内の改革（国の内側）と東アジア外交（国の外側）を総合した分析を行い，それを基にして聖徳太子の人物像と飛鳥時代における社会の変化や国家形成との関係についておおむね満足のいく内容で主体的に自身の考えを述べている。
C	・聖徳太子の業績について国内の改革（国の内側）と東アジア外交（国の外側）を総合した分析を行い，それを基にして聖徳太子の人物像と飛鳥時代における社会の変化や国家形成との関係について不十分な内容のものである。

（3）授業の流れ

①導入

授業のはじめにパフォーマンス課題を生徒に提示する。課題を読ませた後，今回生徒が行う学習活動は，① Google Jamboard 上のベン図を活用して聖徳太子の業績を分析すること，②分析を生かして聖徳太子の人物像と飛鳥時代における社会の変化や国家形成との関係について自身の考えをレポートに書くことの 2 点であることを明確に示す。また，このとき，レポートの評価基準となるルーブリックも提示し，作成にあたっての注意点などについても指導する。

次に前時の学習内で作成した「聖徳太子の業績評価シート」を振り返り，仏教の推進，憲法十七条，冠位十二階，遣隋使の 4 点についてその内容を振り返らせる。

主な政策	政策の内容や国の内外への影響など	あなたの評価
仏教の推進		
憲法十七条		
冠位十二階		
遣　隋　使		

聖徳太子の業績評価シートの例

②展開

次に Google Jamboard のベン図を開いて業績シートを参考にしながら，国内の改革（国の内側）ですごいところと東アジア外交（国の外側）ですごいところの 2 項目で，付箋を使いながら記入していく。付箋は，仏教の推進，憲法十七条，冠位十二階，遣隋使それぞれに色を指定しておくと整理がさらに進む。また，付箋に書く言葉はなるべく短くするように指導し，全体をわかりやすくさせる。

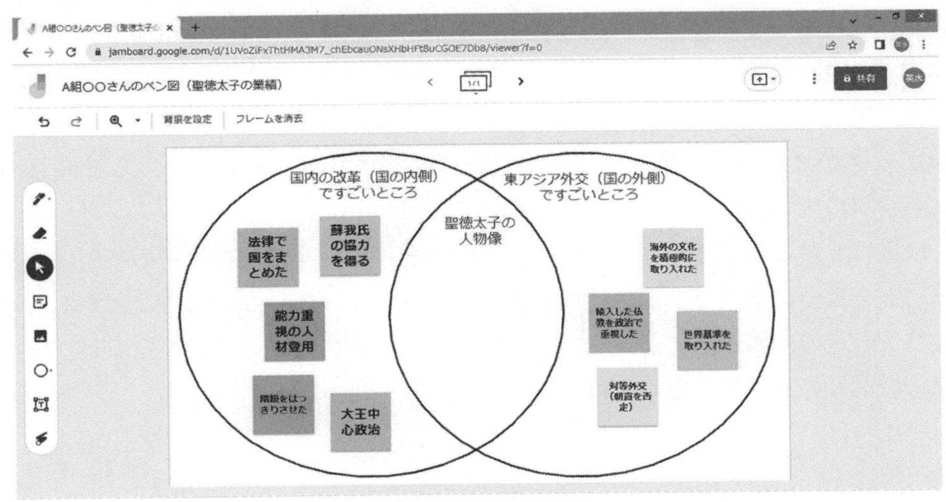

Google Jamboard のベン図①：国内の改革と東アジア外交を整理しているところ

ある程度の整理が終わったら，次に全体を見ながら，中心にある聖徳太子の人物像を考えさせる。ここでは，4つの業績の分析を基として考えるように指導して，あまり他の要素を加えないようにさせる。付箋の色を必ず変えて他の付箋としっかり見分けがつくようにさせる。言葉の書き方は極力短くし，単語などでもかまわないと指示する。

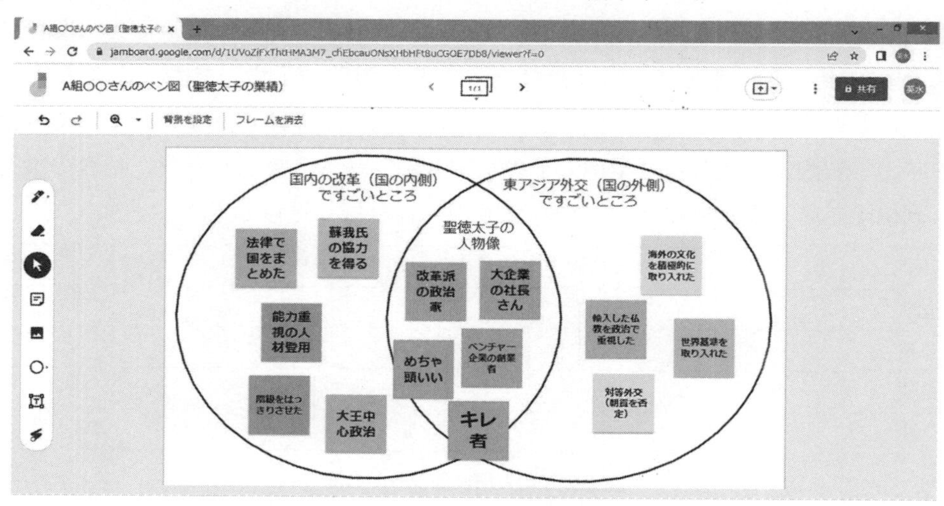

Google Jamboard のベン図②：聖徳太子の人物像をイメージしているところ

今回の Google Jamboard の活用は，個人での活用としているが，時間に余裕があったり，個人だけでは深まりや発想が広がらなかったりする場合は，グループなどで共有させてもよいだろう。しかし，最後は必ず個人に戻して，個人での思考を大切にさせる。

③まとめ

完成したベン図を見ながら，聖徳太子の人物像と飛鳥時代における社会の変化や国家形成との関係について自身の考えをレポートに書かせる。レポートを書くと言っても，この授業の実施時期は中学1年生の前半の段階なので上手な文章がすぐに書けるわけではないだろう。そこで，根拠や構成を考えながら書くなど，国語科での指導や小学校での文章表現指導の成果を確認しながら書かせ，言語表現面での不十分さは許容する。3年間をかける社会科の授業における文章表現の練習といった位置付けで捉えてほしい。

また，授業におけるまとめの部分でのベン図の共有については，授業者の判断に委ねたい。後のレポートを書くにあたって，生徒の思考があまり深まっていない場合などがあるならば共有することも一定の効果があるだろう。生徒の状況と共有の効果，時間設定など様々な条件を考えながら授業者の裁量で設定してほしい。

成果物の具体例と評価のポイント

①評価基準Aの具体例

私は，聖徳太子の業績について，国内の改革では特に能力重視の役人登用という当時では考えられない人材登用を行ったことや国としての方針を法律でまとめたことを，東アジア外交では仏教を積極的に学んで導入したことがすごいと考えました。

これらの点から私は，聖徳太子の人物像がテレビに出ているような大企業の社長さんの人物像と重なってきます。大企業の社長さんは，その当時では考えられないような最先端の考えをもち，過去や周囲にとらわれず改革をどんどん進めて企業を大きくしていくということをしていますが，聖徳太子はまさに飛鳥時代の大社長さんだと思います。

この後の歴史は小学校での学習で少しは知っていますが，日本にとって仏教は欠かすことのできない文化となっていきます。また，能力重視の人材登用は，今の時代でもなかなか思うようにできずに，大企業が大きく導入したときなどはニュースになるほどです。

このようなことから聖徳太子のすごさは，古代の時代にもう今の社長さんのようなすごい考えをもって行動し，今の時代に向けての歴史をつくったことだと思います。もしも聖徳太子がいなかったら，今の時代もないような気がします。

B評価の基準を十分満たした上で，大企業の社長と比較しての人物像のイメージや仏教の導入という事例を使っての歴史の流れとの関わりを表現し，具体性がある。また，「もしも聖徳太子がいなかったら，今の時代もないような気がします」という表現からは聖徳太子の偉大さと歴史との関係を実感している様子が読み取れるのでA評価とした。

②評価基準Bの具体例

私は，聖徳太子の業績について，国内の改革では特に能力重視の役人登用という当時では考えられない人材登用を行ったことや国としての方針を法律でまとめたことを，東アジア外交では仏教を積極的に学んで導入したことがすごいと考えました。また，蘇我氏と協力して政治を進めたことや強い隋と対等関係で外交を使用したこともすごいと思います。

これらの点から私は，聖徳太子という人は，とても頭のいい人だったと思いました。聖徳太子の考えや行動は，今の時代でもすごいことなのに，それを大昔にやっているところはすごいです。聖徳太子が今の総理大臣だったらきっと日本はもっとよくなっていると思います。聖徳太子は，今の日本の基礎をつくった古代の偉人です。聖徳太子が昔1万円札にのっていたのを見たことがありますが，なぜお札にのっていたのか，今日の授業でよくわかりました。お札にのるほどすごい人だと思います。

B評価の基準は満たしているが，あいまいな表現が見られるところがあり，具体的とは言い切れないのでB評価とした。

中世の歴史的人物の力を分析しよう

1人1台端末活用のポイント

本単元は，平安時代末期から鎌倉時代までの歴史を扱う。ここは貴族社会から武家社会の転換点にあたり，各時代の特色や時代の転換に関係する基礎的・基本的な事項を学習することは，歴史学習全体において極めて重要であるが，中学生にそれを捉えさせることは容易ではない。そこで，時代の転換点で活躍した人物を，Google スプレッドシートを活用して分析・可視化する。人物のもつ力を政治力，経済力，武力の3点で分析し5段階評価する。その数値をレーダーチャートにして性格を可視化し，時代を追って比較すると，時代の転換の様子が見えてくる。レーダーチャートの作成は，スプレッドシートなら瞬時に作成できる。また，ひな型として設定しておけば数値の入力だけで済む。途中での数値の変更も容易である。

単元の目標

鎌倉幕府の成立，元寇などを基に，武士が台頭して主従の結び付きや武力を背景とした武家政権が成立し，武士の支配が広まったこと，元寇がユーラシアの変化の中で起こったことを理解するとともに，武士の政治への進出と展開，東アジアにおける交流，農業や商工業の発展などに着目して，武家政治の成立とユーラシアの交流について，中世の社会の変化の様子や中世の特色を多面的・多角的に考察，表現し，中世の日本について，よりよい社会の実現を視野にそこで見られる課題を主体的に追究しようとしている。

単元の評価規準

知識・技能
・鎌倉幕府の成立，元寇などを基に，武士が台頭して主従の結び付きや武力を背景とした武家政権が成立し，武士の支配が広まったこと，元寇がユーラシアの変化の中で起こったことを理解している。
思考力・判断力・表現力
・武士の政治への進出と展開，東アジアにおける交流，農業や商工業の発展などに着目して，武家政治の成立とユーラシアの交流について，中世の社会の変化の様子や中世の特色を多面的・多角的に考察し，表現している。
主体的に学習に取り組む態度
・中世の日本について，よりよい社会の実現を視野にそこで見られる課題を主体的に追究しようとしている。

単元の指導計画

時	主な学習活動	評価
1	**◆武士の誕生** 平安末期における社会の状況や武士団の形成，地方武士の勢力拡大などについて理解し，武士の誕生について多面的・多角的に考察する。	・武士の誕生を中心に中世の社会の変化の様子や中世の特色を多面的・多角的に考察し，表現している。（思判表）
2	**◆源平の争乱** 武士団の中で力をもった源氏や平氏と朝廷との関係，保元の乱や平治の乱を通じて力をもった平氏の政治や源平の争乱について理解し，武士の政治への進出について多面的・多角的に考察する。	・武士の政治への進出を中心に中世社会の変化の様子や中世の特色を多面的・多角的に考察し，表現している。（思判表）
3	**◆鎌倉幕府の成立** 鎌倉幕府の政治や地方支配の仕組み，北条氏による執権政治の様子について理解し，武家政権の成立について多面的・多角的に考察する。	・武家政権の成立を中心に中世社会の変化の様子や中世の特色を多面的・多角的に考察し，表現している。（思判表）
4	**◆モンゴル軍の襲来** モンゴル帝国の拡大によるユーラシアの結び付きと元寇がユーラシアの変化の中で起こったことを理解し，元寇が鎌倉幕府の政治に与えた影響について多面的・多角的に考察する。	・元寇が鎌倉幕府の政治に与えた影響を中心に中世の社会の変化の様子や中世の特色を多面的・多角的に考察し，表現している。（思判表）
5	**◆鎌倉文化** 鎌倉時代の文化が武士や仏教との関係の中で形成されていったことを理解し，鎌倉文化の特色について多面的・多角的に考察する。	・鎌倉文化の特色を中心に中世の社会の変化の様子や中世の特色を多面的・多角的に考察し，表現している。（思判表）
6	**◆貴族の時代から武士の時代へ** 平安時代から鎌倉時代までに生きた当時の権力者たちを通して，貴族社会から武家社会への転換の様子について多面的・多角的に考察，表現し，中世の日本について，よりよい社会の実現を視野に，そこで見られる課題を主体的に追究する。	・貴族社会から武家社会への転換の様子を基に，中世の日本についてよりよい社会の実現を視野に，そこで見られる課題を主体的に追究しようとしている。（態度）

授業展開例（第６時）

（１）パフォーマンス課題

あなたは長編歴史ドラマの制作スタッフです。あなたは『「時代（とき）の人々」～中世に生きた男たち～』というタイトルの新作ドラマ作成を担当します。この大河ドラマは，平安時代から鎌倉時代までに生きた当時の権力者たちを通して，貴族社会から武家社会への転換の様子を描いた作品となります。この新作ドラマの制作会議の後，あなたは，ドラマの脚本家から呼ばれ，こう言われたのでした。

「君には，脚本を書くにあたっての制作資料づくりをしてほしい。もう知っての通り，今回の作品は当時の権力者たちを通して，その時代の変化を描こうとしている。今回は主に４人の歴史的人物を中心に話を進めたい。その４人とは，藤原道長，平清盛，源頼朝に北条義時だ。この４人についての人物分析をお願いしたい。この４人それぞれを政治力，経済力，武力の３点から分析してどのような力をもっていたのかを明らかにしてほしいのだ。そして，その成果から，平安時代から鎌倉時代へ，貴族社会から武家社会への変化とは何か，そして権力者にとってどのような力が必要なのかを整理し，制作資料として提出してほしい。分析プロジェクトを立ち上げ，制作スタッフみんなの協力でよい資料をつくってくれ」

このような指示を受けたあなたは，さっそく，仲間を集めてプロジェクトを結成し，４人の分析作業に入ります。その成果を基にしてどのような制作資料をつくるのでしょうか。ドラマの脚本家は，素晴らしい制作資料が届くことを期待しているのでした。

（２）ルーブリック

	パフォーマンスの尺度（評価の指標）
A	・①平安時代から鎌倉時代へ，貴族社会から武家社会への変化とは何か，②時代の権力者にとってどのような力が必要なのかという２点を，平安時代から鎌倉時代までに生きた当時の権力者たちの分析を通して主体的に追究し，具体的かつ明確に述べている。
B	・①平安時代から鎌倉時代へ，貴族社会から武家社会への変化とは何か，②時代の権力者にとってどのような力が必要なのかという２点を，平安時代から鎌倉時代までに生きた当時の権力者たちの分析を通して主体的に追究して述べている。
C	・①平安時代から鎌倉時代へ，貴族社会から武家社会への変化とは何か，②時代の権力者にとってどのような力が必要なのかという２点について不明確であったり，平安時代から鎌倉時代までに生きた当時の権力者たちの分析が不明確であったりしている。

(3) 授業の流れ

①導入

本授業は，単元6時間全体の学習内容を通じて，平安時代から鎌倉時代までに生きた当時の権力者たちを通して，貴族社会から武家社会への転換の様子について多面的・多角的に考察，表現し，中世の日本について，よりよい社会の実現を視野に，そこで見られる課題を主体的に追究する学習を行う。そこではじめに，第1時から第5時までの学習内容を簡単に振り返る。

次にパフォーマンス課題を示し，以下の学習課題を確認する。

① Googleスプレッドシートを使って藤原道長，平清盛，源頼朝，北条義時の4人について，個人やグループで政治力，経済力，武力の3点について分析し，5段階評価を行う。

② 5段階評価の数値をレーダーチャートにして比較・分析する。

③ 平安時代から鎌倉時代へ，貴族社会から武家社会への変化とは何か，当時の権力者にとってどのような力が必要なのかという2点を，平安時代から鎌倉時代までに生きた当時の権力者たちの分析を通じて主体的に追究して論述する。

このときに論述を評価する際のルーブリックも生徒に示す。

②展開

確認が終わったらさっそく学習課題を実施する。4人の分析であるが，まずは4人それぞれの政治力，経済力，武力について，既習事項や教科書，資料集などの教材を活用して，Googleスプレッドシートの権力分析シートに記入していく。

記入は箇条書きであったり単語であったりしてもかまわない。できるだけ多くの関連情報を集めさせる。

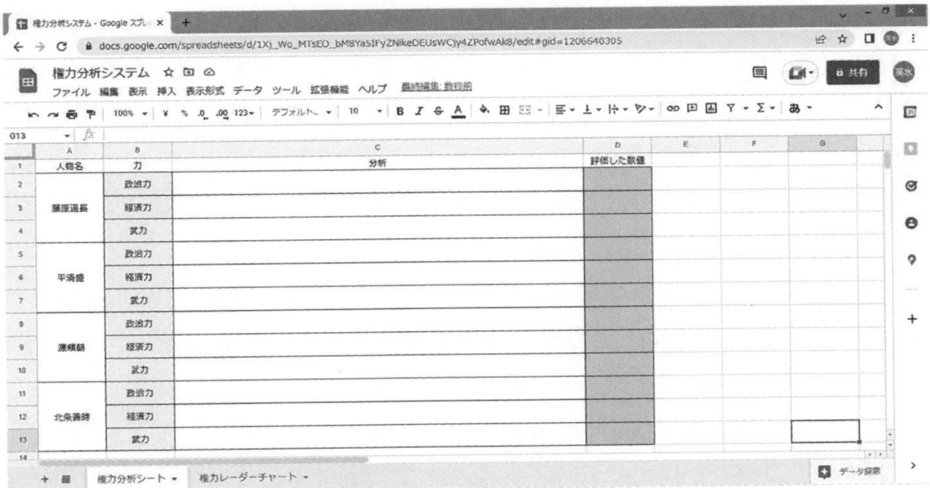

人物名	力	分析	評価した数値
藤原道長	政治力		
	経済力		
	武力		
平清盛	政治力		
	経済力		
	武力		
源頼朝	政治力		
	経済力		
	武力		
北条義時	政治力		
	経済力		
	武力		

Googleスプレッドシートによる権力分析シートの例

個人である程度進めたらグループで情報交換をする。シートを共有してお互いにアドバイスさせてもよいだろう。情報が集まったらそれぞれの力を 5 段階評価するのだが，評価する際の基準が定まりにくい場合は，4 人を相対評価させてもよい。また，共有してグループで議論しながら評価してもよいであろう。

評価ができたらレーダーチャートの作成に入る。3 つの力を表にして選択し，挿入のタブからグラフを選択する。すると，右側にグラフの設定画面が出るので，そこからレーダーチャートを選ぶと瞬時にデータがグラフ化される。

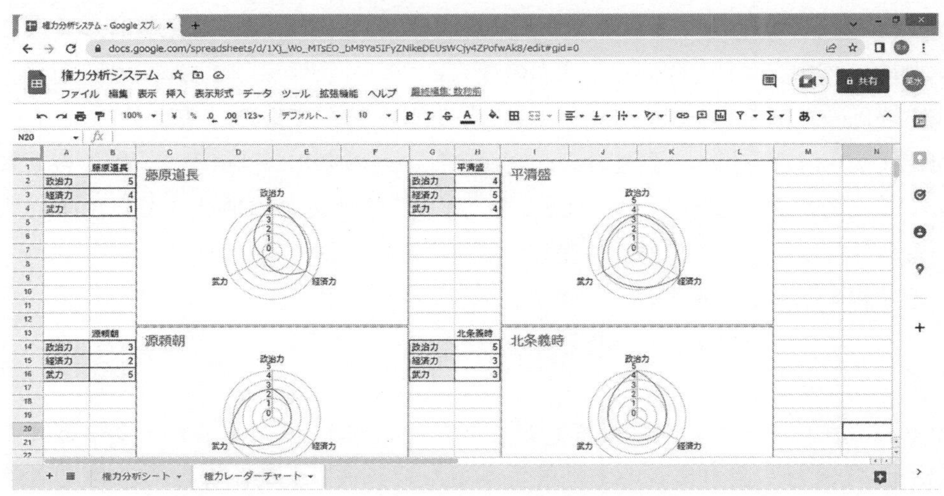

Google スプレッドシートによる権力レーダーチャートの例

③まとめ

例として 5 段階評価でレーダーチャートをつくってみたが，武力を中心に大きな違いが表れた。藤原道長は武力の評価が低いが平清盛や源頼朝は高い。藤原道長の時代では冠位や家柄などで権力を得ていたが，平清盛や源頼朝は武力によって権力を得ており，社会情勢の変化の中で武士が台頭してくることが実感できる。そして，鎌倉幕府が安定化してくる頃の北条義時はまた武力の評価が下がっており，社会が安定化してくることで権力を維持する背景も武力から政治力へと変化するのであろう。

このようにレーダーチャートの比較・分析から，平安時代から鎌倉時代へ，貴族社会から武家社会への変化とは何か，時代の権力者にとってどのような力が必要なのかという 2 点を，平安時代から鎌倉時代までに生きた当時の権力者たちの分析を通じて主体的に追究して論述させる。論述にあたっては，Google ドキュメントで作成したデジタルワークシートを用意して，そこに記述させる。この方が提出や管理，採点などで便利であろう。

成果物の具体例と評価のポイント

①評価基準 A の具体例

レーダーチャートをつくってみると，武力を中心に大きな違いが表れ，藤原道長の武力の評価が低いのに対し，平清盛や源頼朝は高いのがわかります。平安時代は安定していた時代で冠位や家柄などが権力を支えていたのでしょう。しかし，社会情勢が不安定になってくると形のない冠位や家柄などは意味をなさなくなってきます。形式である冠位や家柄よりも，実力である武力が権力を支える第一となるのです。その頂にいたのが平清盛であり源頼朝なのです。興味深い点は，北条義時の武力が低いことです。承久の乱などで武力を発揮していますが，平清盛や源頼朝ほどではないでしょう。武力の低い北条義時が権力をもてたのはなぜか。それは，社会がまた安定化してくるからです。武家政治が徐々に安定化してくると武力のニーズから政治力のニーズが高まるのでしょう。

これらのことから，平安時代から鎌倉時代へ，貴族社会から武家社会への変化とは，社会情勢の変化，安定から不安定へ，そしてまた安定へという変動だと考えます。その中で不安定の時期に力をもった武士が台頭し権力者の主体となっていったことと考えます。また，時代の権力者にとって必要な力とは，単体のものではなく，社会情勢に合わせて求められる力を発揮できる力だと思います。北条義時はまさに不安定から安定の時期にいて，武力と政治力とを絶妙なバランスで使い分けた人物と思いました。その時代で輝く人とは，その時代の特色をしっかりと捉えバランスよく発揮できる人であると考えます。

分析した人物の特色を他と比較しながら具体的かつ明確に述べているので A 評価とした。

②評価基準 B の具体例

レーダーチャートをつくってみると，武力を中心に大きな違いが表れました。藤原道長は，武力の評価が低いが平清盛や源頼朝は高いのがわかります。藤原道長の時代では冠位や家柄などで権力を得ていたが，平清盛や源頼朝は武力によって権力を得ており，社会情勢の変化の中で武士が台頭してくることが実感できました。そして，鎌倉幕府が安定化してくる頃の北条義時はまた武力の評価が下がっており，社会が安定化してくることで権力を維持する背景も武力から政治力へと変化するのだと思います。

これらのことから，平安時代から鎌倉時代へ，貴族社会から武家社会への変化とは，社会情勢の変化による政治の主体の変化とその意識の違いから起こる文化や生き方の違いだと思います。また，時代の権力者にとって必要な力とは，その時々の社会情勢によって変わるものであるということがわかりました。その時代で輝く人とは，その時代の特色をしっかりと捉えている人であると，今回の学習を通じて強く感じました。

B 評価の基準は満たしているが，やや漠然としたところがあるので B 評価とした。

室町時代連歌の宴を開き，室町時代の特色を和歌で表現しよう

1人1台端末活用のポイント

本時では，室町時代の学習を終えて，その時代の特色を考察して和歌を使って表現するにあたり，その考察過程で，学級で連歌を実施する。このとき，Google スプレッドシートを使って長句（五七五）と短句（七七）を順番に続けていく。Google スプレッドシートの共有を使えば，学級内の生徒全員が自分の1人1台端末から1枚のシートに書き込むことができるので，簡単に句をつなげることができる。

また，できた句は政治，経済，外交，文化などジャンル分けして全体をソートすれば，ジャンルごとに句が整理され，時代の特色の考察がしやすくなる。Google スプレッドシートによる整理の機能を活用して室町時代の特色を明らかにしていくための資料を作成する。

単元の目標

武家政治の展開とともに東アジア世界との密接な関わりが見られたことや民衆の成長を背景とした社会や文化が生まれたことを理解するとともに，武士の政治への進出と展開，東アジアにおける交流，農業や商工業の発達などに着目して，事象を関連付けるなどして，武家政治の展開と東アジアの動き，民衆の成長と新たな文化の形成について中世の社会の変化を多面的・多角的に考察，表現し，中世の日本について，よりよい社会の実現を視野にそこで見られる課題を主体的に追究する。

単元の評価規準

知識・技能
・武家政治の展開とともに東アジア世界との密接な関わりが見られたことや民衆の成長を背景とした社会や文化が生まれたことを理解している。
思考力・判断力・表現力
・武士の政治への進出と展開，東アジアにおける交流，農業や商工業の発達などに着目して，事象を関連付けるなどして，武家政治の展開と東アジアの動き，民衆の成長と新たな文化の形成について中世の社会の変化を多面的・多角的に考察し，表現している。
主体的に学習に取り組む態度
・中世の日本について，よりよい社会の実現を視野に，そこで見られる課題を主体的に追究しようとしている。

単元の指導計画

時	主な学習活動	評価
1	**◆南北朝の争乱と室町幕府** 鎌倉幕府の滅亡，建武の新政，南北朝の争乱を経て室町幕府による政治が始められたことや室町幕府の仕組み，鎌倉幕府との共通点や相違点について理解する。	・南北朝の争乱と室町幕府を基に，武家政治の展開とともに東アジア世界との密接な関わりが見られたことを理解している。(知技)
2	**◆東アジアとの交易** 明の成立や倭寇の活動，琉球王国やアイヌとの交易など室町幕府と東アジアとの関係や日明貿易の内容や影響などについて，東アジアの動きを俯瞰しながら理解する。	・日明貿易や琉球の国際的な役割を基に，武家政治の展開とともに東アジア世界との密接な関わりが見られたことを理解している。(知技)
3	**◆産業と交通の発達** 室町時代の農業や諸産業の発達や交通の発達などについて鎌倉時代と比較しながら理解する。	・農業など諸産業の発達を基に，民衆の成長を背景とした社会や文化が生まれたことを理解している。(知技)
4	**◆民衆の団結と自治** 室町時代に広がった自治の意識の高まりや問題を武力によって解決しようとする動きや民衆の行動について，社会的背景に着目し理解する。	・畿内の都市や農村における自治的な仕組みの成立を基に，民衆の成長を背景とした社会や文化が生まれたことを理解している。(知技)
5	**◆応仁の乱と下剋上** 応仁の乱の勃発と展開や戦国大名の登場と影響について，社会的背景に着目しながら理解する。	・応仁の乱後の社会的な変動などを基に，民衆の成長を背景とした社会や文化が生まれたことを理解している。(知技)
6	**◆室町時代の文化** 北山文化と東山文化の違いやその特徴などを文化財等の様子を観察しながら民衆の成長を背景とした社会や文化が生まれたことを理解する。	・民衆などの多様な文化の形成を基に，民衆の成長を背景とした社会や文化が生まれたことを理解している。(知技)
7	**◆室町時代の特色** 学習の成果を振り返り，武家政治の展開と東アジアの動き，民衆の成長と新たな文化の形成について中世の社会の変化を連歌の体験から多面的・多角的に考察し，表現する。	・武家政治の展開と東アジアの動き，民衆の成長と新たな文化の形成について中世の社会の変化を多面的・多角的に考察し，表現している。(思判表)

授業展開例（第７時）

（１）パフォーマンス課題

あなたは江戸時代を代表する歌人です。ある日，将軍から呼ばれてこう言われました。 「このたび，中世の世を思い出して連歌の宴を催そうと思う。連歌は中世の時代に行われた和歌を長句（上の句）と短句（下の句）に分けて歌人が詠みつなげ，様々な思いを深めていくというもの。この宴で振り返るのは室町時代の様子，今は懐かしい室町の時代，足利の幕府や応仁の乱，民衆の自治と実に様々なことがあったことよ。これを皆で思い出し，余が詠んだ長句に続けて詠みつなげていき，昔を懐かしむのじゃ。そして，室町の世があってこそ，今の世がある。室町の時代の特色をまとめ，今の世の政（まつりごと）に生かそうではないか。この世を代表する歌人たちを集めて『室町時代連歌の宴』を催すのだ。どうじゃ，其方もこの宴に参加するがよい」 このように将軍は私に言うと，将軍の側近から宴の詳細について告げられました。「室町時代連歌の宴」には40名（学級の生徒の人数）が参加します。連歌を詠むにあたっては南蛮渡来のGoogle スプレッドシートを使います。宴の主から送られたシートの順にしたがって，句をつなげていくのです。そして，「室町時代連歌の宴」の後には，室町時代の政治，経済，外交，文化の４つに分けて和歌を整理し，それらを参考にしながら歌人それぞれが改めて室町時代の特色を表現した和歌を詠み，室町時代がどのような時代であったのかを将軍様に説明しなければいけません。将軍直々の発案による「室町時代連歌の宴」ですから失敗は許されません。あなたはさっそく，室町時代に関する古文書を読み返し，宴に向けての準備を始めたのでした。

（２）ルーブリック（室町時代がどのような時代であったかを説明した課題を評価する）

	パフォーマンスの尺度（評価の指標）
A	・単元の学習を振り返り，具体例をあげながら武家政治の展開と東アジアの動きや民衆の成長と新たな文化の形成などに着目して中世の社会の変化や，室町時代の特色を多面的・多角的に考察し，和歌を通して具体的，分析的に表現している。
B	・単元の学習を振り返り，武家政治の展開と東アジアの動きや民衆の成長と新たな文化の形成などに着目して中世の社会の変化や，室町時代の特色を多面的・多角的に考察し，和歌を通して表現している。
C	・単元の学習の振り返りが不十分であったり，武家政治の展開と東アジアの動きや民衆の成長と新たな文化の形成などへの着目が不十分であったり，室町時代の特色の考察が不十分であったりする。

（3）授業の流れ

①導入

本時が単元の最終となり，単元の学習を振り返って中世の社会の変化や室町時代の特色を考察，表現することを目標としていることを確認し，パフォーマンス課題を生徒に提示する。このときに，本時の学習課題は，

① スプレッドシートを使って学級で連歌を行うこと

② 連歌全体を整理して参考にしながら，中世の社会の変化や室町時代の特色を，和歌を使いながら説明すること

の2点であることを理解させる。

また，連歌とは，五七五の長句と七七の短句を交互に複数の人でつなげながら詠み，一つの歌をつくる，日本古来の伝統的な詩の形式で，室町時代に大成したが，その後に衰退していった連歌についての説明や，今回は中世の社会の変化や室町時代の特色を捉えるための準備として連歌を行うので，細かいルールなどは省略して行うなど，本時で必要な諸注意について説明する。

②展開

一通りの説明が終わったら，「室町時代連歌の宴」を始める。授業者が将軍となり，雰囲気をつくる。

また，授業者が将軍として最初の長句を披露する。そして，共有している Google スプレッドシートへ順番に句を入力させていく。この順番は，出席番号順，座席の順，男女交互の順など様々考えられるが，生徒の実態に合わせて授業者が決定しておく。

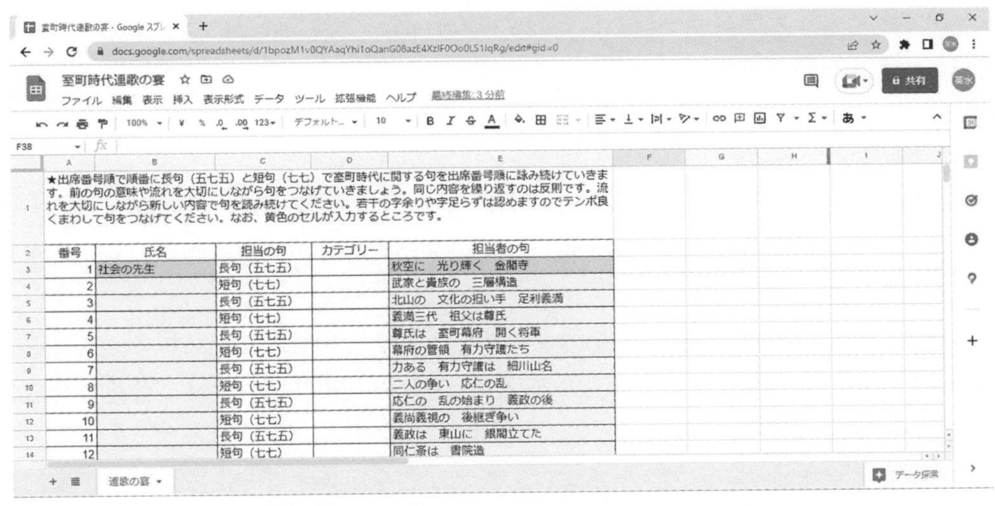

★出席番号順で順番に長句（五七五）と短句（七七）で室町時代に関する句を出席番号順に詠み続けていきます。前の句の意味や流れを大切にしながら句をつなげていきましょう。同じ内容を繰り返すのは反則です。流れを大切にしながら新しい内容で句を読み続けてください。若干の字余りや字足らずは認めますのでテンポ良くまわして句をつなげてください。なお、黄色のセルが入力するところです。

番号	氏名	担当の句	カテゴリー	担当者の句
1	社会の先生	長句（五七五）		秋空に　光り輝く　金閣寺
2		短句（七七）		武家と貴族の　三層構造
3		長句（五七五）		北山の　文化の担い手　足利義満
4		短句（七七）		義満三代　祖父は尊氏
5		長句（五七五）		尊氏は　室町幕府　開く将軍
6		短句（七七）		幕府の管領　有力守護たち
7		長句（五七五）		力ある　有力守護は　細川山名
8		短句（七七）		二人の争い　応仁の乱
9		長句（五七五）		応仁の　乱の始まり　義政の後
10		短句（七七）		義尚義視の　後継ぎ争い
11		長句（五七五）		義政は　東山に　銀閣立てた
12		短句（七七）		同仁斎は　書院造

「室町時代連歌の宴」を行っているときの Google スプレッドシート

句をつくるにあたっては，生徒の状況を考えて無理はさせない程度で進めていく（字余りや

字足らずなどを認める，なかなか浮かばない場合は近くの生徒の応援を得る，順番を入れ替えて進めるなど)。「室町時代連歌の宴」は，あくまでも中世の社会の変化や室町時代の特色を多面的・多角的に考察するための学習課題であることに留意する。生徒には，自分の順番が来たら，氏名と自分の句を入力させる（写真では灰色のセルが生徒の入力部分を示している)。

全員の入力が済んだら，整理の行程に入る。生徒が入力した句を見ながら，政治（1)，経済（2)，外交（3)，文化（4）の4つのカテゴリーに分類していく。授業者は，句をつくった生徒に確認しながら，カテゴリーのセルに割り当ての数字で入力していく。入力が済んだら，カテゴリーのセル，番号のセルを優先順位にしてソートすると，カテゴリーごとに句が整理できる。

室町時代連歌の宴

★出席番号順で順番に長句（五七五）と短句（七七）で室町時代に関する句を出席番号順に詠み続けていきます。前の句の意味や流れを大切にしながら句をつなげていきましょう。同じ内容を繰り返すのは反則です。流れを大切にしながら新しい内容で句を読み続けてください。若干の字余りや字足らずは認めますのでテンポ良くまわして句をつなげてください。なお、黄色のセルが入力するところです。

番号	氏名	担当の句	カテゴリー	担当者の句
5		長句（五七五）	1	尊氏は　室町幕府　開く将軍
6		短句（七七）	1	幕府の管領　有力守護たち
7		長句（五七五）	1	力ある　有力守護は　細川山名
8		短句（七七）	1	二人の争い　応仁の乱
9		長句（五七五）	1	応仁の　乱の始まり　義政の後
10		短句（七七）	1	義尚義視の　後継ぎ争い
21		長句（五七五）	1	室町は　庶民の団結　一揆なり
22		短句（七七）	1	百姓一揆に　一向一揆
23		長句（五七五）	1	民たちは　自治を強めて　惣つくり
24		短句（七七）	1	寄り合い開いて　村を治める
37		長句（五七五）	1	応仁後　争い絶えない　戦国の
38		短句（七七）	1	下克上にて　力をつける

政治（1)，経済（2)，外交（3)，文化（4）の4つに分類したGoogleスプレッドシート

ソートができたら，カテゴリーごとにどのような作品ができているのかを確認しながら，室町時代がどのような時代であったかを説明する課題の準備に入る。

③まとめ

最終の課題の回答にあたっては，Googleドキュメントを利用する。最初に4つのカテゴリーの中から自分が説明するカテゴリーを選ばせ，自分が感じている室町時代の特色を示した和歌（五七五七七）をつくらせる。

なかなか和歌ができない場合は，Googleスプレッドシートにある句を参考にさせる。そして，つくった和歌に合わせて中世の社会の変化や，室町時代の特色を生徒に論述させる。この和歌と論述が，単元の評価材料となる。

なお，使用するドキュメントのシートには，氏名などを記入するところのほか，選択したカテゴリー，和歌，論述の記入欄をあらかじめ用意して生徒に送る。

成果物の具体例と評価のポイント

①評価基準Aの具体例

①選択したカテゴリー（①政治）

②創作した和歌「武士や民　権力支配の　手を逃れ　思いを示し　時代を創る」

③論述

室町時代は，後醍醐天皇による建武の新政や足利尊氏による室町幕府の成立によって新たな政権によって整った時代が始まると思いきや，南北朝の争乱，有力守護大名の対立や応仁の乱，惣や町衆による自治や一揆の発生など，意外と不安定な時代ではないだろうか。その背景には，日本各地にいた武士の強さがあると考える。だからこそ，建武の新政で立ち上がった後醍醐天皇（朝廷）に反発することもできたし，室町幕府は成立したものの，足利将軍の力がそれほどにまで及ばなかったのかもしれない。また，民衆のもつ反発のエネルギーも大きく，武士の支配を越えて反発したり自治を勝ち取ったりすることができたのであろう。これこそが室町時代の特色ではないかと考えた。その現れが応仁の乱であったり，数々の一揆であったりと考える。これは別の視点から考えると北条政権で形づくられた鎌倉時代から不安定な室町時代へと通じる中世の社会の変化でもあると考える。

B評価の基準を満たしている上で，「その背景には，日本各地にいた武士の強さがあると考える。だからこそ，建武の新政で立ち上がった後醍醐天皇（朝廷）に反発することもできたし，室町幕府は成立したものの，足利将軍の力がそれほどにまで及ばなかったのかもしれない」など，時代を具体的に分析している点が認められるのでA評価とした。

②評価基準Bの具体例

①選択したカテゴリー（④文化）

②創作した和歌「室町の　武家に響く墨の色　色はなくても　心に見える」

③論述

室町時代は，鎌倉時代に引き続き武士の世であったと思います。時代の担い手は武士でした。だからこそ，鎌倉文化から引き継ぐような武士好みの文化財が多いように思います。それは雪舟の水墨画であったり，竜安寺の石庭であったりです。このような文化財はその後も引き継がれていき現代の生活様式の中にも見られます。時代の変化としては，これら武士の文化が庶民の間にも広がっていくことでしょう。人々の寄合の中で連歌が詠まれるようになっていきましたが，もともとは貴族の文化です。また御伽草子と呼ばれる庶民を主人公にした物語も広がりました。このように武士の文化を鎌倉時代から引き継ぎ，そして庶民の間に広がりを見せていくことが，室町時代の特色と思います。

B評価の基準は満たしているが，具体的，分析的に表現しているという点で欠けているので，A評価に至るとは判断できないとしてB評価とした。

安土桃山将棋を行い，織田・豊臣による統一事業を振り返ろう

1人1台端末活用のポイント

本単元では，織田信長が行った仏教勢力の圧迫や関所の撤廃，豊臣秀吉が行った検地や刀狩などの政策によって，中世に大きな力をもった勢力が失われていったことや，中世までとは異なる社会が生まれていったことなどを，Google Jamboard で将棋風の対戦ゲームを行いながら理解を深めていく。1つの Google Jamboard を共有して自分の色の付箋に信長と秀吉のどちらか担当する方のよさや相手方の弱い部分を書いて交互に10回ずつ貼っていき，その後全体を俯瞰しながら織田・豊臣による統一事業を振り返る。Google Jamboard の共有や付箋に自由に書いて貼れること，貼った付箋を自由に移動して整理できることなどの自由度の高い要素を活用して，ゲーム感覚で思考を深めていくアイテムとして利用する。

単元の目標

ヨーロッパ人来航の背景とその影響，織田・豊臣による統一事業とその当時の外交関係，武将や豪商などの生活文化の展開などを基に，近世社会の基礎がつくられたことを理解するとともに，交易の広がりとその影響，統一政権の諸政策の目的などに着目して，事象を相互に関連付けるなどして，世界の動きと織田・豊臣による統一事業について近世の社会の変化の様子を多面的・多角的に考察し，表現し，近世の日本について，よりよい社会の実現を視野に，そこで見られる課題を主体的に追究する。

単元の評価規準

知識・技能
・ヨーロッパ人来航の背景とその影響，織田・豊臣による統一事業とその当時の外交関係，武将や豪商などの生活文化の展開などを基に，近世社会の基礎がつくられたことを理解している。
思考力・判断力・表現力
・交易の広がりとその影響，統一政権の諸政策の目的などに着目して，事象を相互に関連付けるなどして，世界の動きと織田・豊臣による統一事業について近世の社会の変化の様子を多面的・多角的に考察し，表現している。
主体的に学習に取り組む態度
・近世の日本について，よりよい社会の実現を視野に，そこで見られる課題を主体的に追究しようとしている。

単元の指導計画

時	主な学習活動	評価
1	**◆ヨーロッパの変化と宗教改革** 中世ヨーロッパ社会がイスラムとの交流により変化していったことやキリスト教での各宗派の動きと宗教改革などを基に，近世社会の基礎がつくられたことを理解する。	・ヨーロッパ人来航の背景とその影響を基に，近世社会の基礎がつくられたことを理解している。（知技）
2	**◆アジアに向かうヨーロッパ** 宗教改革を経て，貿易と布教を目的にヨーロッパの人々がアジアを目指すことを基に，近世社会の基礎がつくられたことを理解する。	・ヨーロッパ人来航の背景とその影響を基に，近世社会の基礎がつくられたことを理解している。（知技）
3	**◆ヨーロッパの海外進出と日本** ヨーロッパ人の海外進出を背景とした日本への接近やその影響に着目して，日本や世界の動きについて近世の社会の変化の様子を多面的・多角的に考察し，表現する。	・交易の広がりとその影響に着目して，日本や世界の動きについて近世の社会の変化の様子を多面的・多角的に考察し，表現している。（思判表）
4	**◆織田信長の新しい政策** 織田信長が行った仏教勢力の圧迫や関所の撤廃や経済政策など織田による統一事業を基に，近世社会の基礎がつくられたことを理解する。	・織田・豊臣による統一事業とその当時の外交関係などを基に，近世社会の基礎がつくられたことを理解している。（知技）
5	**◆豊臣秀吉の全国統一** 豊臣秀吉が行った検地や刀狩など豊臣による統一事業を基に，近世社会の基礎がつくられたことを理解する。	・織田・豊臣による統一事業とその当時の外交関係などを基に，近世社会の基礎がつくられたことを理解している。（知技）
6	**◆織田・豊臣による統一事業** 統一政権の諸政策の目的などに着目して，事象を相互に関連付けるなどして，織田・豊臣による統一事業について近世の社会の変化の様子を多面的・多角的に考察し，表現する。	・統一政権の諸政策の目的などに着目して，織田・豊臣による統一事業について近世の社会の変化の様子を多面的・多角的に考察し，表現している。（思判表）
7	**◆安土桃山時代の文化** 武将や豪商などの生活文化の展開などを基に，近世社会の基礎がつくられたことを理解する。	・武将や豪商などの生活文化の展開などを基に，近世社会の基礎がつくられたことを理解している。（知技）

授業展開例（第６時）

（１）パフォーマンス課題

ある放送局で「信長 vs. 秀吉，本当にすごいのはどっちだ！」という番組制作の企画が持ち上がりました。この番組は，全国から応募のあった参加者をランダムに組み合わせて２人組をつくり，信長か秀吉のどちらかをそれぞれに割り当てて，番組で考えた「安土桃山将棋」というネットゲームで対戦してもらい，その過程や結果を振り返りながら，織田・豊臣による統一事業の意義や影響，近世社会の変化など織豊政権による近世社会の基礎構築について考察するという番組です。あなたはこの告知をテレビで見て，さっそく参加応募をしました。しばらくすると放送局から「信長 vs. 秀吉，本当にすごいのはどっちだ！」の参加者に当選したとの知らせが入りました。あなたはとても喜び，「安土桃山将棋」の収録日を待ちました。

いよいよ収録の日です。あなたの対戦相手が告げられます。そしていよいよ「安土桃山将棋」の対戦です。あなたは自宅のパソコンを開いて接続します。「安土桃山将棋」のルールは信長か秀吉のどちらか担当となった方の優れている点や相手の弱い点を10枚のカードに書き，相手と交互に出していきます。守るか攻めるかは自由です。カードの出す順番や，守備と攻撃の比率，カードに書く内容は参加者次第です。さぁ，「安土桃山将棋」の開始です。10枚のカードを出し尽くし「安土桃山将棋」の終了です。ですが，番組は後半戦となります。次は戦った相手と協働しての感想戦です。ボード上のカードの内容を俯瞰しながら織田・豊臣による統一事業の意義や影響，近世社会の変化など織豊政権による近世社会の基礎構築について考察していきます。考察したことは，別の色のカードに書いてボードの中心においていきます。最後にゲストの織豊政権について研究している大学教授が，対戦したボードを見ながら織田・豊臣による統一事業について近世の社会の変化の様子を多面的・多角的に考察したコメントを放送して番組は終了しました。

（２）ルーブリック（織豊政権について研究している大学教授の考察コメントを評価）

	パフォーマンスの尺度（評価の指標）
A	・単元の学習の成果や対戦したボードの内容を生かしながら，織田・豊臣による統一事業について近世の社会の変化の様子を多面的・多角的に考察し，具体的に表現している。
B	・単元の学習の成果や対戦したボードの内容を生かしながら，織田・豊臣による統一事業について近世の社会の変化の様子を多面的・多角的に考察し，表現している。
C	・単元の学習の成果や対戦したボードの内容が生かされていなかったり，織田・豊臣による統一事業について近世の社会の変化の様子を多面的・多角的に考察できていなかったりしている。

（3）授業の流れ

①導入

第4時及び第5時の流れを軽く確認し，織田・豊臣による統一事業について近世の社会の変化，特に近世社会の基礎をつくっていったことについて触れる。そして，本時の目標は，信長と秀吉のどちらが優れているかということを議論する中で，織田・豊臣による統一事業が近世の社会の変化や近世社会の基礎をつくってきたことを具体的に考察することであることを確認する。

その後，パフォーマンス課題及びパフォーマンス課題の中で設定した織豊政権について研究している大学教授の考察コメントに対してのルーブリックを提示する。

②展開

パフォーマンス課題の内容を確認しながら，生徒一人ひとりがその中で設定した「信長 vs. 秀吉，本当にすごいのはどっちだ！」の参加者としての立場に立って学習課題を進めていく。

学習課題の開始の前に，まず2人組をつくり，織田方，豊臣方がどちらになるかを決める。このときの2人組は席が隣同士を基本として決め，同時に付箋の色も決めさせる。安土桃山将棋の大戦中は基本的に会話をしないで進行するが，付箋の色を決めたり，後半の感想戦で直接の会話による協働の場面をつくったりすることにおいて，席が近い方が都合がよい。

次に，守備と攻撃をお互いにそれぞれ合計10回として，守備は自分が担当した者のいいところを書いて自分の陣地に，攻撃は相手が担当した者の弱いところを書いて相手の陣地に交互に付箋を貼っていく（歴史的な事実を書く）。

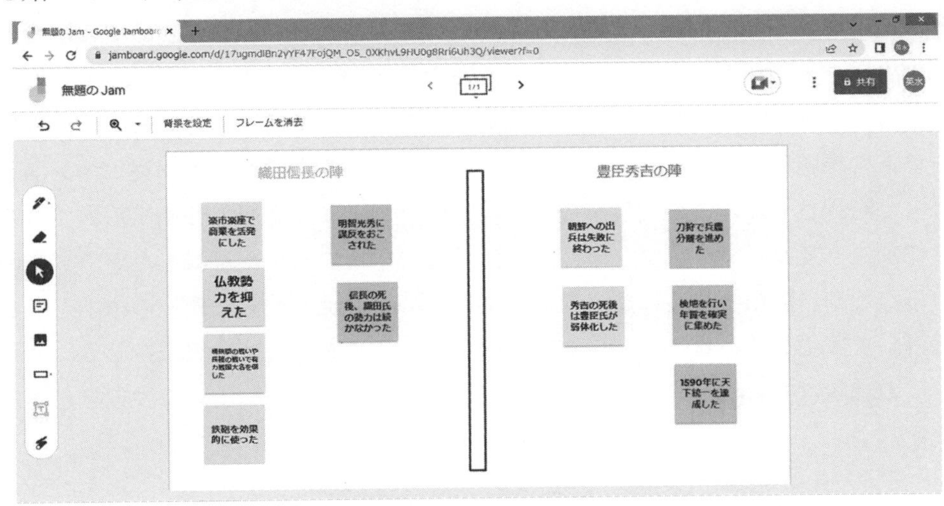

「安土桃山将棋」対戦中の Google Jamboard

お互いに10枚の付箋を貼り終えたら対戦ゲームは終了となる。そして，貼り終えた付箋を見ながら振り返り（感想戦）に入る。

感想戦とは，プロの将棋対局の後で行われる，対戦における局面の振り返りのことである。この場面で，信長と秀吉のどちらがすごいのかということをはじめとして，信長や秀吉の政策の評価や近世社会に与えた影響など，歴史的な意義について話し合いながらGoogle Jamboardの中央に考えを書いた付箋を貼っていく。このときに貼る付箋の色は，対戦したときとは別の色を改めて決め，大戦中の付箋との区別を付ける。

対戦を終えて振り返っているとき（感想戦）のGoogle Jamboard

③まとめ

感想戦を進めていると，信長と秀吉のどちらがすごいのかということが歴史の本質ではなく，信長・秀吉の統一事業が近世社会の基礎をつくったことが歴史の本質であることが段々と見えてくるであろう。そして，生徒たちの立場を織豊政権について研究している大学教授に変えて，パフォーマンス課題にあった織豊政権について研究している大学教授の考察コメントを学習のまとめとして記述させる。この内容を提示したルーブリックによって評価するのである。記述にあたっては，再度ルーブリックを確認させ，単元の学習の成果や対戦したボードの内容を生かしていることや，織田・豊臣による統一事業について近世の社会の変化の様子を多面的・多角的に考察し，表現していることなどが評価のポイントであることを意識させる。

なお，この課題はGoogleドキュメントなどを使って作成させ，任意に設定した期日までの提出とする。

成果物の具体例と評価のポイント

①評価基準Aの具体例

織田信長と豊臣秀吉のどちらがすごいかという点については，対戦したボードの様子から見ても，双方それぞれで五分五分でありどちらも近世社会の基礎をつくったすごい人物であると考えます。例えば，キリスト教の保護か禁教かは，メリットとデメリットの二律背反で難しいところでしょう。これはキリスト教が布教と貿易のセットであったことによります。信長の頃は布教のデメリットがそれほど大きくなかったので保護し，貿易の利益を優先しましたが，秀吉の頃になると布教のデメリットが大きくなり，貿易の利益に引かれながらも禁教へと変化していきます。これは江戸時代にも通じ，鎖国政策にもつながるものでしょう。また，これまでにない発想や機転を利かせながら大きな政策を次々に進めていく行動力をどちらの人物ももっています。信長は桶狭間の戦いにおける斬新な戦略をとり，長篠の戦いで騎馬戦から鉄砲戦へという戦術の転換をしました。また，秀吉は刀狩や太閤検地などの政策で安定した政権づくりの基盤を整えるということを行っています。

このように時代の先端を行き，新たな課題に直面しながらもよりよい社会づくりと天下統一の基礎を時代とともに進めたのが織田信長であり豊臣秀吉であると言えるのではないでしょうか。そして，これはまさに歴史の流れに沿いながら進んでいきます。まさに天下統一のバトンを信長から秀吉へ，そして家康へとつないでいった近世社会の基礎づくりそのものでしょう。「織田がこね羽柴がつきし天下餅坐りしままに食うは徳川」の歌のまさにその通りだと考えます。

B評価の基準を満たしている上に，キリスト教の扱い方，信長と秀吉のそれぞれの政策を具体例として示しながら，織田・豊臣による統一事業について近世の社会の変化の様子を多面的・多角的に考察し，表現しているのでA評価とした。

②評価基準Bの具体例

織田信長と豊臣秀吉のどちらがすごいかという点については，対戦したボードの様子から見ても双方それぞれで五分五分であり両者引き分けであると考えます。例えば，キリスト教の保護か禁教かは，メリットとデメリットの二律背反で難しいところでしょう。これはキリスト教が布教と貿易のセットであったことによります。信長の頃は布教のデメリットがそれほど大きくなかったので保護し，貿易の利益を優先しましたが，秀吉の頃になると布教のデメリットが大きくなり，貿易の利益に引かれながらも禁教へと変化していきます。これは江戸時代にも通じ，鎖国政策にもつながるものでしょう。

このように時代の先端を行き，新たな課題に直面しながらもよりよい社会づくりと天下統一の基礎を時代とともに進めたのが織田信長であり豊臣秀吉であると言えるのではないでしょうか。

B評価の基準を満たしているが，具体的な表現が少ないのでB評価とした。

元禄文化と化政文化を比較するデジタルパネルをつくろう

1人1台端末活用のポイント

本単元は，大項目（3）近世の日本より（ウ）産業の発達と町人文化と（エ）幕府の政治の展開をまとめて一つの単元として設定した。安定した時代に入り，上方で栄えた町人中心の元禄文化と文化の中心が江戸に移り庶民の趣向を反映した化政文化を比較しながら双方の特色を捉える学習において，2つの文化の比較分析をGoogleスライド1枚にまとめる形で1人1台端末を使用する。生徒には限られたスペースを有効に活用し，比較という点を意識した説得力のあるスライドを作成させる。また，生徒が選んだ資料を使うことも必須として具体物から文化の特色を捉えさせる。これらの課題を通じて元禄文化，化政文化を単体の文化としてではなく，時代の流れとともに一体として捉えさせることをねらう。完成した作品は，デジタルサイネージやモニターを使って実際に展示する。

単元の目標

産業や交通の発達，教育の普及と文化の広がりを基に，町人文化が都市を中心に形成されたことや，各地方の生活文化が生まれたこと及び社会の変動や欧米諸国の接近，幕府の政治改革，新しい学問・思想の動きなどを基に，幕府の政治が次第に行き詰まりを見せたことを理解するとともに，近世の社会の変化の様子や近世という時代の特色を多面的・多角的に考察，表現し，近世の日本について，よりよい社会の実現を視野に，そこで見られる課題を主体的に追究する。

単元の評価規準

知識・技能
・産業や交通の発達，教育の普及と文化の広がりを基に，町人文化が都市を中心に形成されたことや，各地方の生活文化が生まれたこと及び社会の変動や欧米諸国の接近，幕府の政治改革，新しい学問・思想の動きなどを基に，幕府の政治が次第に行き詰まりを見せたことを理解している。
思考力・判断力・表現力
・近世の社会の変化の様子や近世という時代の特色を多面的・多角的に考察，表現している。
主体的に学習に取り組む態度
・近世の日本について，よりよい社会の実現を視野に，そこで見られる課題を主体的に追究しようとしている。

単元の指導計画

時	主な学習活動	評価
1	**◆身分制と庶民の暮らし** 幕府の安定を図ることを目的に整備された江戸時代の身分制度の仕組みやその下での庶民の暮らしの様子を理解するとともに，幕藩体制の安定化による社会の変化を理解する。	・幕府の安定を図ることを目的に整備された江戸時代の身分制度の仕組みやその下での庶民の暮らしの様子を理解するとともに，幕藩体制の安定化による社会の変化を理解している。（知技）
2	**◆社会の安定と諸産業の発達** 社会の安定化による人口増加の影響や経済の発展による諸産業の発展の様子などを社会の変化と関連付けながら理解する。	・社会の安定化による人口増加の影響や経済の発展による諸産業の発展の様子などを社会の変化と関連付けながら理解している。（知技）
3	**◆交通網の整備と三都の発展** 参勤交代などを背景とした交通網の整備による都市や産業の発達への影響や三都の発展，金融業や商業の発達について理解する。	・参勤交代などを背景とした交通網の整備による都市や産業の発達への影響や三都の発展，金融業や商業の発達について理解している。（知技）
4	**◆享保の改革** 元禄期より悪化する幕府財政の状況及びその対策を中心として実施された享保の改革の内容や特色と成果について理解する。	・元禄期より悪化する幕府財政の状況及びその対策を中心として実施された享保の改革の内容や特色と成果について理解している。（知技）
5	**◆財政難と幕府の対応** 1700年代以降の百姓の生活の実情や行動と幕府の立て直しをねらった様々な改革の内容や成果について理解する。	・1700年代以降の百姓の生活の実情や行動と幕府の立て直しをねらった様々な改革の内容や成果について理解している。（知技）
6	**◆元禄文化と化政文化** 元禄文化と化政文化を比較しながらそれぞれの特色を単元の学習の成果を生かして，社会の変化と関連付けて考察し，その成果をデジタルパネルにまとめて発表する。	・元禄文化と化政文化を比較しながらそれぞれの特色を近世の社会の変化の様子や近世という時代の特色と関連付けて多面的・多角的に考察，表現している。（思判表）

授業展開例（第６時）

（１）パフォーマンス課題

あなたは歴史博物館の学芸員です。あなたが勤める博物館では，10月からの企画で中学生向けの元禄文化と化政文化の特別展示を行うこととなりました。そこであなたは，展示の最初に設置するデジタルパネルの作成を担当することになりました。

デジタルパネルでは，元禄文化と化政文化の違いを１枚でわかりやすく示します。館長からは「今回の特別展示は，中学生が対象であることを意識してください。そのため，元禄文化と化政文化の違いが中学生にもよくわかるようにすることを第一とし，①簡潔に違いを説明していること，②具体物を用いて違いを実感できるようにすること，③文化の違いと歴史の流れとの関係を大切にすること，④レイアウトなどのデザインを工夫してわかりやすくすることの４つを作成の条件として設定します。この４つをよく意識して作成してください」と指示されました。

あなたは，改めて近世の歴史を振り返りながらそのポイントをシートに整理し，準備を始めました。一通りの整理が終わるとあなたは，デジタルパネルに使用するスライドの作成に入るのでした。

（２）ルーブリック

	パフォーマンスの尺度（評価の指標）
A	・B 評価の基準に示された内容を満たした上で，４つの点について１つまたは全体を通じて特に優れた内容と判断されるものが含まれている。
B	・作成されたデジタルパネルについて，①簡潔に違いを説明していること，②具体物を用いて違いを実感できるようにすること，③文化の違いと歴史の流れとの関係を大切にすること，④レイアウトなどのデザインを工夫してわかりやすくすることの４点についておおむね満足のいく作品となっている。
C	・B 評価の基準に示された４つの点について１つまたは全体を通じて特に不十分と判断されるものが含まれている。

（3）授業の流れ

①導入

冒頭でパフォーマンス課題を周知する。このとき，パフォーマンス課題の中にある館長さんの言葉を強調し，ルーブリックも生徒に示す。この4つが評価基準のポイントであることを確認して課題の作成に入らせる。また，江戸期の歴史の流れと社会の変化の中で文化が育まれてきたことにも触れ，単元の学習の成果を生かすことも強調する。

②展開

作業の前半は，既習事項や改革のポイントをワークシートに整理することを行う。ワークシートは，江戸期の歴史の流れと社会の変化について簡潔に整理する部分と4つの条件が満たされるように整理する部分とを整理して記入できるよう工夫してほしい。このワークシートへの整理を行う中で生徒には，安定した時代に入り上方で栄えた町人中心の元禄文化が，文化の中心が江戸に移り庶民の趣向を反映した化政文化へと移っていく流れを理解させる。

なお，このワークシートは紙ベースでもデジタルベースでも，どちらでもかまわない。双方の利点を考えて授業者や生徒のニーズに合った媒体で準備する。

「元禄文化と化政文化」★文化の背景と比較の整理シート★

社会の変化

・戦のない安定した社会の到来
・貨幣経済と商業の発達
・商人の台頭
・交通網や都市の発達
・商業の中心が上方から江戸へ

文化の特色

〈元禄文化〉	〈化政文化〉
・商業の発達と都市の繁栄 ・町人たちの経済的なゆとり ●特に上方で経済力や技術力をもつ町人が文化の担い手となる ●町人の日常や華麗さを表す	・江戸に経済の中心が移る ・町人だけでなく庶民にもゆとりが生まれる ●庶民の趣向が生きた庶民が担い手の文化 ●庶民の生活だけでなく幕府政治の風刺もあった

4つの条件

簡潔な違いの説明	掲載する具体物	文化の違いと歴史の流れとの関係	レイアウト等デザインの工夫

ワークシートの作成例

元禄文化と化政文化を比較しながらそれぞれの特色を単元の学習の成果を生かして，社会の変化と関連付けて考察できるような演出をする。枠内に記入してある記載は参考例であり，実際のワークシートは空欄にしておき，生徒に記入させる。紙ベースのほか，Google ドキュメントや Google スライドなどデジタル媒体でも作成ができる。Google スライドで整理のワークシートとデジタルパネルのスライドをセットにして割り当てることもできる。

ワークシートへの整理が終わったら1人1台端末を活用してGoogleスライドでデジタルパネルの作成に入る。スライドは1人1枚を割り当て，授業者はギャラリー表示（グリッド表示）で生徒の作品を一覧にして表示すると生徒の進捗状況が確認しやすい。この一覧で確認しながら適時個別の指導を行う。制作時間がさらに必要ならば，家庭での制作時間を含めて提出期限を設定しておく。

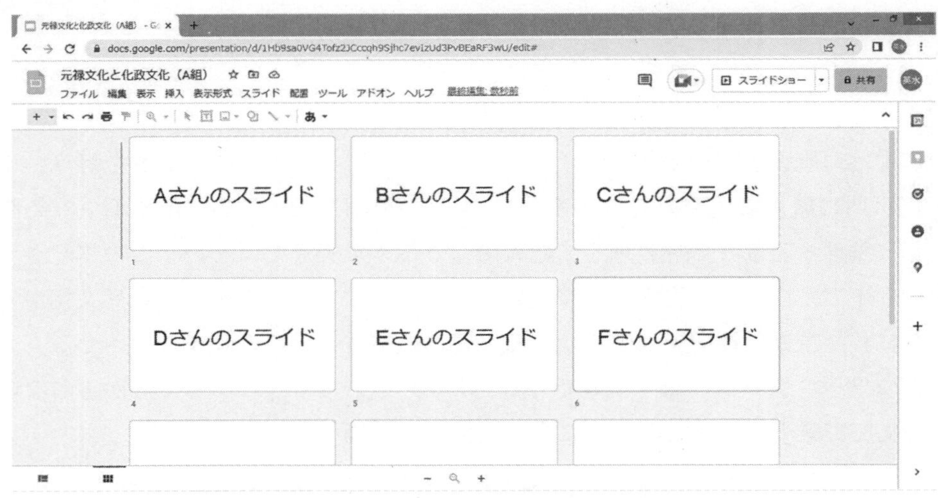

Googleスライドでのギャラリー表示画面
（メニューバーの「表示」から「ギャラリー表示」を選択すると一覧画面になる）

③まとめ

完成した作品は，授業者の評価材料として使用するだけでなく展示して生徒同士で共有できるようにする。共有にあたっては，デジタル作品のクオリティを維持したまま展示することのできるデジタルサイネージやモニターを使っての展示がよい。

社会科の展示スペースが確保できるのであれば，パフォーマンス課題で設定した中学生向けの元禄文化と化政文化の特別展示を実際に再現するのである。各学級の社会科係などの協力を得ながら，学習の成果も含めて展示すれば，単元の学習の振り返りゾーンとして様々な主体的な学びができる空間となろう。デジタルでの展示が無理ならば，優秀な作品などを選定してプリントアウトして展示することもできる。その際はなるべく大きくして展示する方が効果的であろう。

いくつかの優秀作品を展示して，そこに授業者がよい部分をポップに書いて貼っておくのもよい指導である。また，優秀作品をいくつか展示し，通りがかりの生徒に投票してもらって学年最優秀賞を決めるなど授業時間を使わないでも作品の共有や相互評価などができる場面を準備してほしい。

成果物の具体例と評価のポイント

①評価基準 A の具体例

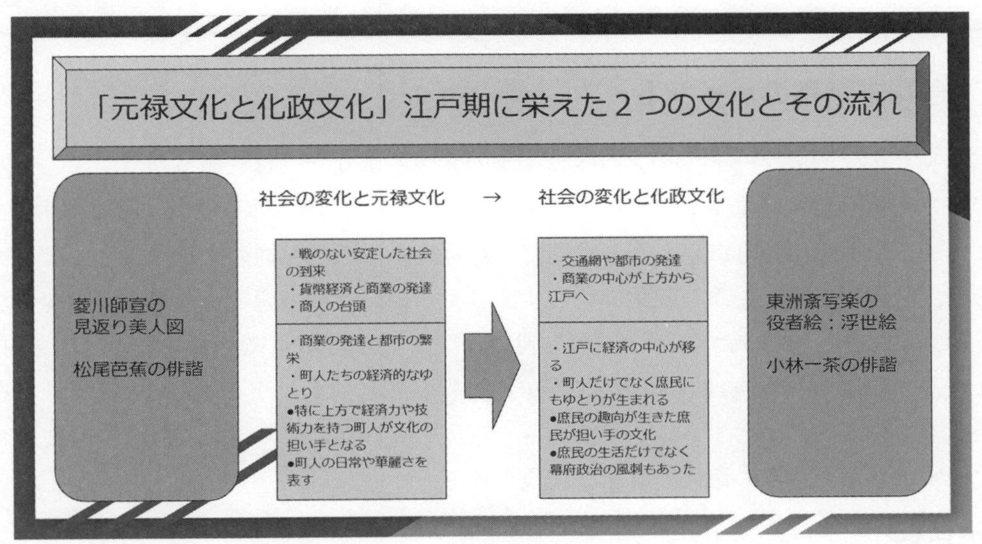

B 評価の基準にある 4 つのポイントについて全体として十分満足のいく内容である上に，社会の流れと文化の違いとを上手に関連付けており，具体物も絵画と俳諧を併記して視覚的・分掌的に文化の特色と違いを比較していると判断して A 評価とした。

②評価基準 B の具体例

元禄文化と化政文化の比較

社会の変化は？	元禄文化と化政文化の違いは？	
・戦のない安定した社会が到来し、貨幣経済と商業が発達したことで商人の台頭してきた。 ・交通網や都市が発達し、商業の中心が上方から江戸へ移った。	・商業の発達と都市の繁栄 を背景として町人たちの経済的なゆとりを背景として上方で経済力や技術力を持つ町人が文化の担い手となる町人の日常や華麗さを表した元禄文化が栄えた。 ・その後、江戸に経済の中心が移ると町人だけでなく庶民にもゆとりが生まれ、庶民の趣向が生きた庶民が担い手の文化である化政文化が栄えた。	松尾芭蕉の俳諧 小林一茶の俳諧

B 評価の基準はおおむね満たしているが，4 つの点について 1 つまたは全体を通じて特に優れた内容と判断されるところはないので B 評価とした。

今でも使われる明治文化のすごさを表現しよう

１人１台端末活用のポイント

デジタルカメラやスマートフォン内臓カメラの発達により，写真を撮ったり活用したりすることがとても気軽で簡単なものになった。また，写真がデジタル化されたことによりPCに取り込んで加工や活用の幅も広がった。今回は，身近にある明治発祥の文化を探してデジタル写真に撮り，具体物を示しながら明治文化のすごさや明治になって起こった暮らしの変化などについて紹介ポスターを作成する。今回の学習では，１人１台端末に付属するカメラを用いる。１人１台端末で撮った写真は，一時的に端末内に保存され，そこからGoogleドライブを経由して任意のソフト内で使用することができる。写真をソフトに取り込んで，今でも使われる明治文化のすごさを，自身の個性で自由に表現させる。

単元の目標

開国とその影響，富国強兵，殖産興業，文明開化の風潮などを基に，明治維新によって近代化の基礎が整えられて，人々の生活が大きく変化したことを理解するとともに，明治政府の諸改革の目的，近代化がもたらした文化への影響，経済の変化の政治への影響などに着目して，明治維新と近代国家の形成に関連付けながら，近代の社会の変化の様子を多面的・多角的に考察し，表現し，近代の日本と世界について，よりよい社会の実現を視野に，そこで見られる成果や課題を主体的に追究する。

単元の評価規準

知識・技能
・開国とその影響，富国強兵，殖産興業，文明開化の風潮などを基に，明治維新によって近代化の基礎が整えられて，人々の生活が大きく変化したことを理解している。
思考力・判断力・表現力
・明治政府の諸改革の目的，近代化がもたらした文化への影響，経済の変化の政治への影響などに着目して，明治維新と近代国家の形成に関連付けながら，近代の社会の変化の様子を多面的・多角的に考察し，表現している。
主体的に学習に取り組む態度
・近代の日本と世界について，よりよい社会の実現を視野に，そこで見られる成果や課題を主体的に追究しようとしている。

単元の指導計画

時	主な学習活動	評価
1	**◆明治維新と新政府の政治** 明治維新となって新政府が行った様々な新しい改革によって近代化の基礎が整えられていったことを理解する。	・開国とその影響を基に，明治維新によって近代化の基礎が整えられて，人々の生活が大きく変化したことを理解している。（知技）
2	**◆富国強兵と明治の日本** 富国強兵を基に，明治維新によって近代化の基礎が整えられて，人々の生活が大きく変化したことを理解し，近代の社会の変化の様子を多面的・多角的に考察する。	・明治政府の諸改革の目的に着目して，明治維新と近代国家の形成に関連付けながら，近代の社会の変化の様子を多面的・多角的に考察し，表現している。（思判表）
3	**◆殖産興業と明治の日本** 殖産興業を基に，明治維新によって近代化の基礎が整えられて，人々の生活が大きく変化したことを理解し，近代の社会の変化の様子を多面的・多角的に考察する。	・明治政府の諸改革の目的に着目して，明治維新と近代国家の形成に関連付けながら，近代の社会の変化の様子を多面的・多角的に考察し，表現している。（思判表）
4	**◆文明開化と様々な反応** 新政府が進めた政策や欧米から流入した新しい文化によって人々の生活が大きく変化したことを理解し，近代の社会の変化の様子を多面的・多角的に考察する。	・近代化がもたらした文化への影響に着目して，明治維新と近代国家の形成に関連付けながら，近代の社会の変化の様子を多面的・多角的に考察し，表現している。（思判表）
5	**◆今に生きる明治の文化** 明治期に海外から流入し，現代の生活でも普通に活用されている文化に着目し，人々の暮らしの変化や現代の生活とのつながりなどについて多面的・多角的に考察し，表現する。	・近代化がもたらした文化への影響に着目して，明治維新と近代国家の形成と現代の生活とのつながりについて多面的・多角的に考察し，表現している。（思判表）

授業展開例（第５時）

（１）パフォーマンス課題

あなたは歴史好きの中学３年生です。あなたは高校進学を考える際に，好きな歴史をもっと学びたいと考えていました。そのようなとき，あなたの住んでいる地域にある私立高校で，高校初の歴史専門学科が設立されることになりました。あなたは，チャンスだと思い，新しく設立される歴史学科の受験について，進路指導主任の先生に相談しました。

「今回設立される歴史学科は，高校としてははじめてのことだから，きっと多くの歴史好きな受験生が集まることだろう。試験は社会科のテストが重視されるだけでなく，歴史に関する作品提出の特別課題もあるようだ。やはりこの作品の得点が高く，出来の良し悪しが合否のカギだな。入試要項を見ると，特別課題は，明治期に入ってきた新しい文化について，現代の生活の中でも普通に活用されているものを題材として１つ決めて写真を撮り，その文化が入ってきたことによってどのような変化が起こったのか，また，今の生活にどのようにつながっているのかを表現したポスターを作成して提出するというものだ。これまで受けてきた歴史の授業で学んだことを基にして，自分なりに題材を選ぶところからスタートだな。教科書や資料集には，題材になりそうないろいろな資料がある。また，調べたり作品をつくったりするには１人１台端末が便利だろう。この歴史学科の受験を決めたならさっそく特別課題の準備に入りなさい」

進路指導主任の先生にそう言われると，段々とやる気が湧いてきました。そしてあなたは，さっそく題材探しを始めるのでした。

（２）ルーブリック

	パフォーマンスの尺度（評価の指標）
A	・明治期に入ってきた新しい文化について，現代の生活の中でも普通に活用されているものを題材として１つ決めて写真を撮り，その文化が入ってきたことによってどのような変化が起こったのか，また今の生活にどのようにつながっているのかを構成や内容を工夫して適切に表現している。
B	・明治期に入ってきた新しい文化について，現代の生活の中でも普通に活用されているものを題材として１つ決めて写真を撮り，その文化が入ってきたことによってどのような変化が起こったのか，また今の生活にどのようにつながっているのかを適切に表現している。
C	・課題の規定通りに作品を作成しているが，その文化が入ってきたことによってどのような変化が起こったのか，また今の生活にどのようにつながっているのかについて表現が不十分である。

（3）授業の流れ

①導入

本時の内容は前時（第 4 時）の内容と大きく関係するので，前時の学習内容を確認し，今も普通に使われているものの多くが明治初期に入ってきた海外からの文化に起因するところが多いことを振り返る。

そして，パフォーマンス課題を示し，本時の学習課題である「明治期に入ってきた新しい文化について，現代の生活の中でも普通に活用されているものを題材として 1 つ決めて写真を撮り，その文化が入ってきたことによってどのような変化が起こったのか，また今の生活にどのようにつながっているのかを表現したポスターを作成して提出する」こととルーブリックを確認して，課題の作成に入る。

②展開

本時の学習課題における評価のポイントは，

① その文化が入ってきたことによってどのような変化が起こったのかを適切に表現しているか
② 今の生活にどのようにつながっているのかを適切に表現しているか

という 2 点であることを意識させながら作品制作を進めさせる。

写真については，前時などで生徒に指示し，自宅などで撮影しておくようにさせたり，校内で撮影させたりするなど，授業を実施する状況に合わせて設定してほしい。作品をつくるにあたっては，Google スライドを土台として，生徒自身の個性で自由に表現させたい。内容のほか，写真の撮り方や使い方，レイアウトなど，様々な点で工夫させる。

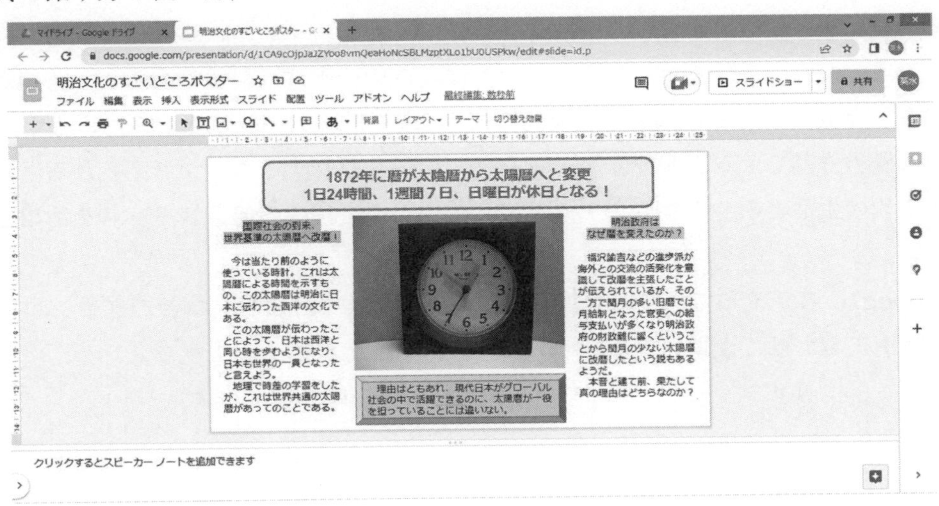

Google スライドでつくった作品の例①

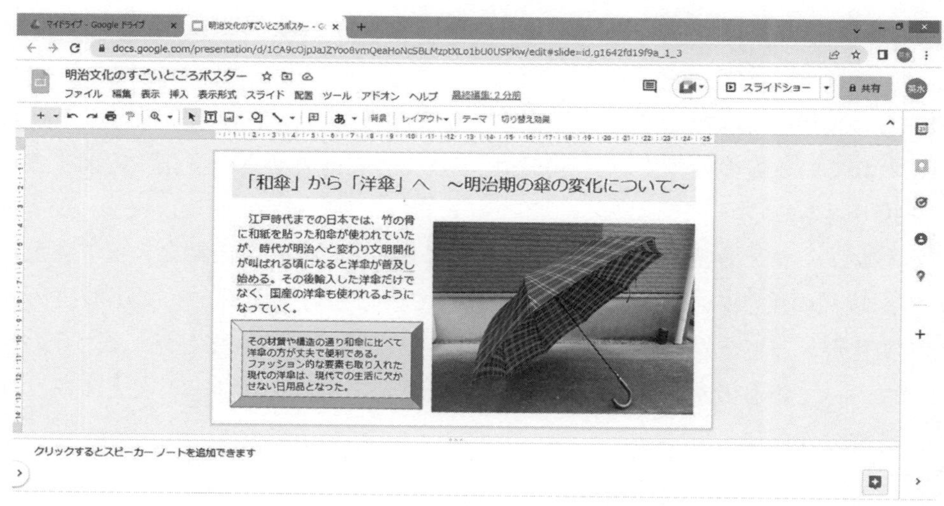

Googleスライドでつくった作品の例②

題材選びには，授業で使用している教科書や資料集を活用するが，ヒントとして「開化因循興廃鏡」という絵画資料を活用すると，生徒が興味・関心を高めながら題材選びができるであろう。この資料は，海外から入ってきた物と日本に旧来からあった同様の用途の物が擬人化され争っている様子を描いたものである。

鳥獣戯画のように滑稽でいてなおかつ明治期に海外の物が一気に流入し，日本古来の物に取って代わるさまを感じさせる。当時の日本の人々が，海外から入ってくる新しい物を，どのように受け止めたのかを想像させながら活用させたい。

③まとめ

作品が完成したら，評価物として提出させれば基本的に本時は終了であるが，時間が取れるようであれば発表会や作品の共有などを行ってもよいだろう。Googleフォームなどで投票を行ったり，優秀作品をデジタルサイネージなどで展示したりすることが考えられる。近代国家の形成と現代の生活とのつながりをテーマにした作品展を校内の空きスペースを活用して行うのも面白い。

なお，Googleスライドで作成した作品は，PDF形式やJPEG形式などでダウンロードできるので，状況に合わせて変換させる。

成果物の具体例と評価のポイント

①評価基準Aの具体例

1872年に暦が太陰暦から太陽暦へと変更
1日24時間、1週間７日、日曜日が休日となる！

国際社会の到来、
世界基準の太陽暦へ改暦！

今は当たり前のように使っている時計。これは太陽暦による時間を示すもの。この太陽暦は明治に日本に伝わった西洋の文化である。

この太陽暦が伝わったことによって、日本は西洋と同じ時を歩むようになり、日本も世界の一員となったと言えよう。

地理で時差の学習をしたが、これは世界共通の太陽暦があってのことである。

理由はともあれ、現代日本がグローバル社会の中で活躍できるのに、太陽暦が一役を担っていることには違いない。

明治政府は
なぜ暦を変えたのか？

福沢諭吉などの進歩派が海外との交流の活発化を意識して改暦を主張したことが伝えられているが、その一方で閏月の多い旧暦では月給制となった官吏への給与支払いが多くなり明治政府の財政難に響くということから閏月の少ない太陽暦に改暦したという説もあるようだ。

本音と建て前、果たして真の理由はどちらなのか？

B評価の基準を満たした上で，今の生活にどのようにつながっているのかを適切に表現しているのでA評価とした。

②評価基準Bの具体例

「和傘」から「洋傘」へ　～明治期の傘の変化について～

江戸時代までの日本では、竹の骨に和紙を貼った和傘が使われていたが、時代が明治へと変わり文明開化が叫ばれる頃になると洋傘が普及し始める。その後輸入した洋傘だけでなく、国産の洋傘も使われるようになっていく。

その材質や構造の通り和傘に比べて洋傘の方が丈夫で便利である。ファッション的な要素も取り入れた現代の洋傘は、現代での生活に欠かせない日用品となった。

B評価の基準をおおむね満たしているが，①その文化が入ってきたことによってどのような変化が起こったのかを適切に表現しているか，②今の生活にどのようにつながっているのかを適切に表現しているかという2点でより工夫があるとは判断できないのでB評価とした。

ポスターをつくり，戦争の悲惨さや反戦の決意を表現しよう

1人1台端末活用のポイント

本単元では昭和初期から第二次世界大戦の終結までの学習を行うが，学習の中で培った戦争の悲惨さや人類に与えた苦痛の理解，そして，反戦の決意などを表現する手段としてCanvaを活用して反戦ポスターを制作する。Canvaは，2013年にオーストラリアでリリースされたオンラインのデザイン公開ツールである。日本語フォントはもちろん，豊富なテンプレートや素材がそろっており，無料プランでもポスターの作成に必要な機能は十分使えるため，高品質なポスターを手軽に作成できるという利点がある。今回は，思考の表現手段としてポスターという形式を用いるため，Canvaのテンプレート機能を活用して自身の思いを短時間で表現させる。

単元の目標

昭和初期から第二次世界大戦の終結までの我が国の政治・外交の動き，中国などアジア諸国との関係，欧米諸国の動き，戦時下の国民生活などを基に，軍部の台頭から戦争までの経過と，大戦が人類全体に惨禍を及ぼしたことを理解するとともに，戦争に向かう時期の社会や生活の変化，世界の動きと我が国との関連などに着目して，相互に関連付けながら，第二次世界大戦と人類の惨禍について近代の社会の変化の様子を多面的・多角的に考察，表現し，近代の日本と世界について，よりよい社会の実現を視野に，そこで見られる課題を主体的に追究している。

単元の評価規準

知識・技能
・昭和初期から第二次世界大戦の終結までの我が国の政治・外交の動き，中国などアジア諸国との関係，欧米諸国の動き，戦時下の国民生活などを基に，軍部の台頭から戦争までの経過と，大戦が人類全体に惨禍を及ぼしたことを理解している。
思考力・判断力・表現力
・戦争に向かう時期の社会や生活の変化，世界の動きと我が国との関連などに着目して，相互に関連付けながら，第二次世界大戦と人類の惨禍について近代の社会の変化の様子を多面的・多角的に考察し，表現している。
主体的に学習に取り組む態度
・近代の日本と世界について，よりよい社会の実現を視野に，そこで見られる課題を主体的に追究しようとしている。

単元の指導計画

時	主な学習活動	評価
1	**◆世界恐慌から昭和恐慌へ** アメリカでの株価暴落の理由や世界恐慌の影響，我が国への影響などについて理解する。	・昭和初期から第二次世界大戦の終結までの我が国の政治・外交の動きを基に，軍部の台頭から戦争までの経過を理解している。（知技）
2	**◆世界の恐慌対策とファシズム** 世界恐慌に対するアメリカやイギリス，ソ連のとった経済政策に対し，ファシズムが台頭してくる経緯について理解する。	・昭和初期から第二次世界大戦の終結まで欧米諸国の動きを基に，軍部の台頭から戦争までの経過を理解している。（知技）
3	**◆政党政治の衰えと軍部の台頭** 世界恐慌の影響を背景として政党政治が衰え，軍部の意向が強くなってくることや満州事変や国際連盟脱退など我が国の国際政策の在り方について理解する。	・昭和初期から第二次世界大戦の終結までの我が国の政治・外交の動きを基に，軍部の台頭から戦争までの経過を理解している。（知技）
4	**◆日中戦争と変化する国民生活** 国際的に孤立を強めていく我が国が中国へさらに進出していくことや，戦争の影響を受けて国民生活も大きく変わっていくことを理解する。	・中国などアジア諸国との関係，欧米諸国の動きを基に，軍部の台頭から戦争までの経過を理解している。（知技）
5	**◆第二次世界大戦の勃発** ヨーロッパでの第二次世界大戦の始まりとその影響を受けながら我が国とアメリカとの開戦に至るまでの経緯を理解する。	・我が国の政治・外交の動き，欧米諸国の動きなどを基に，軍部の台頭から戦争までの経過を理解している。（知技）
6	**◆太平洋戦争と戦時下の国民生活** 第二次世界大戦，太平洋戦争が深刻化する中で行われた様々な政策が国民に与えた影響と戦争の惨禍について，多面的・多角的に考察する。	・世界の動きと我が国との関連などに着目して，第二次世界大戦と人類の惨禍について多面的・多角的に考察し，表現している。（思判表）
7	**◆反戦の決意とこれからの社会** 単元の学習の成果を生かし，第二次世界大戦，太平洋戦争がもたらした人類の惨禍とよりよい社会を実現するための反戦の思いを反戦ポスター制作を通して主体的に追究する。	・近代の日本と世界について，反戦とよりよい社会の実現を視野に，そこで見られる課題を主体的に追究しようとしている。（態度）

授業展開例（第７時）

（１）パフォーマンス課題

あなたは歴史の学習をしている中学２年生です。あなたの通学する学校で学習発表会の時期が来ました。学年主任の先生から学年集会で，展示に関するお話が生徒にありました。

「今年の学習発表会についてお話しします。２学年は今年度の学年展示のテーマを『戦争と平和』としました。ちょうど皆さんは今，第二次世界大戦前後の学習を歴史の時間に行っています。その学習の成果を基にしてこれからの素晴らしい社会を築いていくという持続可能な社会づくりの観点から反戦と平和な社会の構築について訴えてほしいと思います。訴える手段はポスターの形式です。反戦ポスターを制作して自分なりの思いを訴えるのです。ただし，今回は作成に費やす時間があまりありませんので，１人１台端末を活用して短期間で完成させます。具体的にはデザインツールのテンプレートを土台にして自分なりにアレンジを加えながら作成します。戦争の悲惨さや人類に与えた苦痛への思い，そして二度と戦争を起こしてはならないという反戦の決意などを思いっきり表現してほしいと思います。また，作成したポスターには作品解説書を添付します。テンプレートを選択したりアレンジしたりしたときの意図やポスター全体に込めた思いなどを説明する解説書を付けて展示しますので，根拠をもって制作しましょう。なお，この作品解説書の内容は，社会科の評価にも入るということですので頑張ってください。以上！」

学年主任の先生のお話を聞いて，あなたは歴史の授業で学んだことを思い出していました。「昭和初期に軍部がどんどん強くなって戦争へ向かっていったけど，またあんなことが起こっては絶対ダメ。これは大きなテーマだぞ！」ポスター制作は次の歴史の時間から始まります。あなたは気持ちを引き締めてポスターのデザインを考えたのでした。

（２）ルーブリック

	パフォーマンスの尺度（評価の指標）
A	・学習の成果を生かし，戦争の悲惨さや人類に与えた苦痛への思い，そして二度と戦争を起こしてはならないという反戦の決意などを表現したポスターの制作意図を，具体的な根拠を示しながらより明確で主体的に表現している。
B	・学習の成果を生かし，戦争の悲惨さや人類に与えた苦痛への思い，そして二度と戦争を起こしてはならないという反戦の決意などを表現したポスターの制作意図を，主体的に表現している。
C	・学習の成果を生かしていなかったり，反戦の決意等を表現したポスターの制作意図があまり表現できていなかったりする。

（3）授業の流れ

①導入

第一次世界大戦後から終戦までの，前時までに学習した内容を簡単に振り返り，本時の学習に入る。今回の歴史学習が，第二次世界大戦の勃発と敗戦についての歴史的な知識を獲得するだけにとどまらず，学習から得た成果を基にして戦争の悲惨さや人類に与えた苦痛への思い，二度と戦争を起こしてはならないという反戦の意味を考えるまでに至るべきことを確認してから本時のパフォーマンス課題を提示する。Canva を今回はじめて使用するのであれば，使い方を確認する時間が必要となるので，状況に合わせて配当時間を調整してほしい。また，美術科の学習で活用するなどの経験があれば，その学習成果も十分に活用したい。

②展開

ポスター制作に入る前に，ポスターを構成する要素についてワークシートを活用しながら整理させておく。整理する項目は，ポスターのテーマ，取り上げる事例，訴える対象，ポスターの目的，伝達内容などである。こうした中身の部分を先に明確化しておくことが，内容の充実と時間の有効活用につながる。

〈ポスター制作構想ワークシート〉

テーマ	事例	対象	目的	伝達内容
反戦				

◆デザインの工夫などその他に考えていること

２年　　組　　番：氏名

ワークシートの例（記入は箇条書きやメモ程度で，思い付いたことを自由に書き込ませる）

構想がまとまったら「Canva」を立ち上げてポスター制作を始める。立ち上げにあたってはGoogle のアカウントがそのまま利用できる。最初に用意されているテンプレートの中から，自分の構想に合ったものを選ばせる。選ぶ基準は，背景の色や写真など，全体の大きな構成が自分の考えと近いものを，数あるテンプレートを比較しながら選ばせる。

土台となるテンプレートが決まったら，不要な部分を消して自身のポスターの土台をつくる。その後，任意の図形やテキストなどを貼っていき，色を変えたりして加工する。今回のポスター制作は，あくまで歴史学習のまとめとして実施するものなので，歴史的な視点からの戦争の悲惨さや反戦の思いを基にして，根拠を伴った選択をさせるよう指導し，意味のないポスターづくりに陥ることのないよう留意する。

③まとめ

ポスターが完成したら，その制作過程を含めて，作品解説書を書かせる。作品解説書には，テンプレートを選択した理由や加工の理由，ポスター全体に込めた思いを記述させ，単元の評価の対象とする。

なお，ポスター自体は評価の対象とは考えていない。Canva はテンプレートを基にして簡単に高品質のポスターが短時間で作成できるところが売りであるため，生徒でも簡単に高品質な作品がつくれるので，作品自体の完成度は評価対象としてなじまない。制作過程での生徒の考察を評価することが望ましい。

テンプレートを選択した場面（中心の写真を自身のポスターのメインにすると考えて選択する）

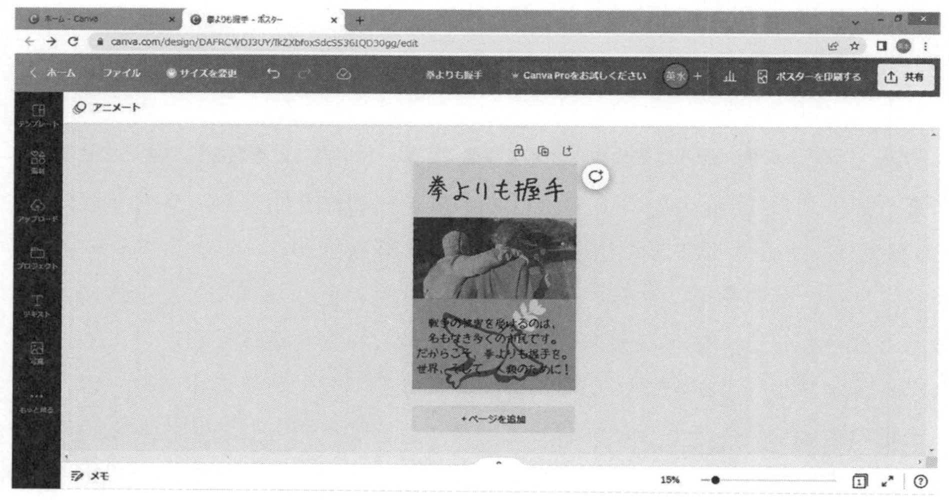

テンプレートを加工した場面（文字や素材，色など根拠をもって選択する）

成果物の具体例と評価のポイント

①評価基準 A の具体例

今回のポスターは，国際紛争を解決する手段としての戦争に反対する思いを込めて制作しました。まず，一番思いを込めたところは「拳よりも握手」という言葉です。拳は戦争を，握手は対話を意味しています。歴史学習の中で，かつて日本が国際的な対立を解消する手段として，また自国の発展を目指す手段として戦争を選択したことを学びましたが，その結果，日本国民をはじめとして人類に多大な不幸をもたらしたことは，持続可能な社会を目指していく現代の考え方と逆行する行為であると痛感しています。だからこそ，対話が大切と考え，この言葉を一番上に配置しました。ロゴの選択もできるだけ手書き感のあるフォントを選択し，市民の声という印象をもたせました。中央の写真はテンプレートのものです。言葉のイメージをよく表す写真であると思い，このテンプレートを選びました。下段の言葉は，上段の言葉を補足するもので，一番の被害者は市民であることを主張しています。鳩の絵は平和の象徴です。歴史の教訓をこれからに生かすという意味を込めてウクライナの国旗にある色となっています。言葉にも世界への平和の広がりの思いを込めました。

「歴史学習の中で～」のところで学習の成果を生かしていることが明確にわかり，「だからこそ，対話が大切と考え，この言葉を一番上に配置しました」や「鳩の絵は平和の象徴です。歴史の教訓をこれからに生かすという意味を込めてウクライナの国旗にある色となっています」など，具体的な根拠を示しながらより明確で主体的に表現していることが読み取れるので A 評価とした。

②評価基準 B の具体例

このテンプレートを選んだ理由は，肌色の地にストレートな言葉で訴えがあり，その言葉に共感したからです。戦争は国家の選択，政治的な選択で為政者が行いますが，その被害は名もなき国民が受けるものです。そして戦争は確実に不幸をもたらします。そのことを訴えたくてこのテンプレートにしました。そこに「戦争反対」の言葉を赤で追加しました。ストレートな短い言葉は印象があると思って追加しました。赤にしたのは，もともとの言葉と区別したかったのと，強い気持ちを表そうと思ったからです。２枚の写真も追加しました。戦争のイメージを強調するねらいがあります。ウクライナ紛争の報道でみるように，戦場では陸からも空からも恐ろしい攻撃を受けます。その恐ろしさを実感させたいと思って取り入れました。

「戦争は国家の選択，政治的な選択で為政者が行いますが，その被害は名もなき国民が受けるものです。そして戦争は確実に不幸をもたらします。そのことを訴えたくてこのテンプレートにしました」とあるように B 評価の基準は満たしていると判断できる。しかし，より明確で主体的に表現しているという段階には至らないと判断して B 評価とした。

マトリクスで戦後の歴史を整理し，現在と未来の日本や世界の在り方を構想しよう

1人1台端末活用のポイント

本単元は，現代の日本と世界の歴史の流れを大観し，時代の特色を明らかにした上で，現在と未来の日本や世界の在り方を構想する学習を行うが，現代の日本と世界の歴史の流れを大観するためにGoogleスプレッドシートのマトリクスで整理する。マトリクスには縦（列）に10年ごとの年代を，横（行）に政治や経済，国際といったカテゴリーを設定し，学習した成果を該当するセルに入力させて貯めていき，戦後史マトリクスをつくらせる。年表と違いマトリクスにすると設定した時代ごとの特色を読み取りやすく，比較することでその変化も見やすい。時代をイメージさせる写真を添付することもできるので，紙以上に時代の特色を表現できる。また，戦後70年分の整理を参考にして，カテゴリーごとに，現在とこれからを考えさせ，現在と未来の日本や世界の在り方を構想するための資料とする。

単元の目標

戦後の諸改革や世界の動きの中で新しい日本の建設が進められたことや我が国の経済や科学技術の発展によって国民の生活が向上し，国際社会において我が国の役割が大きくなってきたことを理解するとともに，現代の社会の変化の様子や時代の特色，歴史と私たちとのつながりと現在と未来の日本や世界の在り方について，課題意識をもって多面的・多角的に考察，構想，表現し，現代の日本と世界について，よりよい社会の実現を視野にそこで見られる課題を主体的に追究，解決しようとする。

単元の評価規準

知識・技能
・戦後の諸改革や世界の動きの中で新しい日本の建設が進められたことや経済や科学技術の発展によって国民の生活が向上し，国際社会において我が国の役割が大きくなったことを理解している。
思考力・判断力・表現力
・現代の社会の変化の様子や時代の特色，歴史と私たちとのつながりと現在と未来の日本や世界の在り方について，課題意識をもって多面的・多角的に考察，構想，表現している。
主体的に学習に取り組む態度
・現代の日本と世界について，よりよい社会の実現を視野にそこで見られる課題を主体的に追究，解決しようとしている。

単元の指導計画

時	主な学習活動	評価
1	**◆戦後日本の始まり** 戦後すぐの日本の状況と連合国軍の占領政策などについて理解する。	・戦後の諸改革の特色について理解している。(知技)
2	**◆民主化政策と日本国憲法** 戦後の改革と関連付けながら日本の民主化政策や日本国憲法の公布の意味について理解する。	・戦後の諸改革の特色について理解している。(知技)
3	**◆東西冷戦の始まり** 戦後の世界各国の構図と東西冷戦の始まりや影響について，日本の状況と関連付けながら理解する。	・世界の動きの中で新しい日本の建設が進められたことを理解している。(知技)
4	**◆国際社会への復帰** 日本の国際社会への復帰についての状況や課題をアメリカの政策と関連付けながら理解する。	・国際社会において我が国の役割が大きくなってきたことを理解している。(知技)
5	**◆高度経済成長** 戦後の急激な経済発展が国民生活に与えた影響やその変化などについて理解する。	・我が国の経済や科学技術の発展によって国民の生活が向上したことを理解している。(知技)
6	**◆経済大国日本** 経済大国日本が抱えた新たな課題や国際関係の状況などについて理解する。	・国際社会において我が国の役割が大きくなってきたことを理解している。(知技)
7	**◆現代の生活と文化** 戦後の民主化政策や高度経済成長などによる人々の生活の変化について多面的・多角的に考察する。	・現代の社会の変化の様子や時代の特色について多面的・多角的に考察，構想，表現している。(思判表)
8	**◆冷戦後の世界と日本** 冷戦が終結したことによる国際情勢の変化を踏まえながら現代の社会の変化について多面的・多角的に考察する。	・現代の社会の変化の様子や時代の特色について多面的・多角的に考察，構想，表現している。(思判表)
9	**◆変化する世界と日本** 世界の大きな変化の中にある日本や世界の状況について，多面的・多角的に考察する。	・現在と未来の日本や世界の在り方について，多面的・多角的に考察，構想，表現している。(思判表)
10	**◆現在と未来の日本や世界の在り方** 現在と未来の日本や世界の在り方について多面的・多角的に考察し，現代の日本と世界について，よりよい社会の実現を視野にそこで見られる課題を主体的に追究する。	・現代の日本と世界について，よりよい社会の実現を視野にそこで見られる課題を主体的に追究，解決しようとしている。(態度)

授業展開例（第10時）

（1）パフォーマンス課題

あなたは現代歴史研究所の研究員です。あなたが所属する現代歴史研究所に政府の事務局担当から，これからの日本の政策決定のための参考資料作成の依頼が入りました。この依頼に関して所長からあなたに以下のような話がありました。

「先日，政府事務局からこれからの政策決定に関しての資料作成の依頼が入った。戦後約70年を振り返り，その変化や各年代の特色を整理して，日本や社会がこれからどのようになっていくかを分析し，そこから今後の在り方を提案するというものだ。この担当を君に任せたい。

政府事務局からは，様々な視点からの提案が複数ほしいとの要望なので，担当は君だけでなく，研究部に所属する他の研究員にも頼んである。研究員それぞれの感性を生かしながら様々な提案ができるといいだろう。戦後各年代の特色を整理するには，本研究所が開発した歴史分析マトリクスを使うといい。データは皆の端末に送ってあるからそれを使いたまえ。

設定したカテゴリーごとに研究した成果を貯めていく。そして，各時代の特色を整理してコピー文の形式で記録していく。またイメージに合った写真もインターネットなどから探しておいてくれ。2010年代まで完成したら，そこまでの成果を基にして，カテゴリーごとに現在やこれからを考えて予測していき，それらを整理して現在と未来の日本や世界の在り方を構想する。この構想はレポート形式で提出してくれ。分析とともに政府事務局に送付するから，よろしく」

数日後，研究部全体で，戦後の日本と世界の歴史に関する研究が始まりました。研究部員たちは熱心に研究活動を続けながら，時代の特色に関する事柄を歴史分析マトリクスにどんどん入力していきます。

そして，研究活動が一通り終わる頃には，研究部員たちそれぞれに現代やこれからの在り方の構想が浮かんできています。あなたも構想をどんどん入力していくのでした。

（2）ルーブリック

	パフォーマンスの尺度（評価の指標）
A	・これからの時代の特色，歴史と私たちとのつながりや現在と未来の日本や世界の在り方について，課題意識をもって多面的・多角的に考察，構想し，現代の日本と世界について，よりよい社会の実現を視野にそこで見られる課題を主体的に追究，解決しようとしていることがより明確で具体的に表現されている。
B	・これからの時代の特色，歴史と私たちとのつながりや現在と未来の日本や世界の在り方について，課題意識をもって多面的・多角的に考察，構想し，現代の日本と世界について，よりよい社会の実現を視野にそこで見られる課題を主体的に追究，解決しようとしていることが表現されている。
C	・課題意識が低いもの，多面的・多角的に考察，構想されていないもの，課題を主体的に追究，解決しようとしていることが低いものなどと判断される。

（3）授業の流れ

①導入

パフォーマンス課題は，単元の学習全体を想定したストーリーなので，第1時の冒頭で生徒に提示し，パフォーマンス課題の設定に沿って単元の学習を進めていく。生徒を研究員になりきらせて，戦後の政治や経済，国際関係や人々の生活の変化などを探究させる。

また，Googleスプレッドシートで作成した歴史分析マトリクスも第1時で配信して，生徒各自で入力を進めさせる。

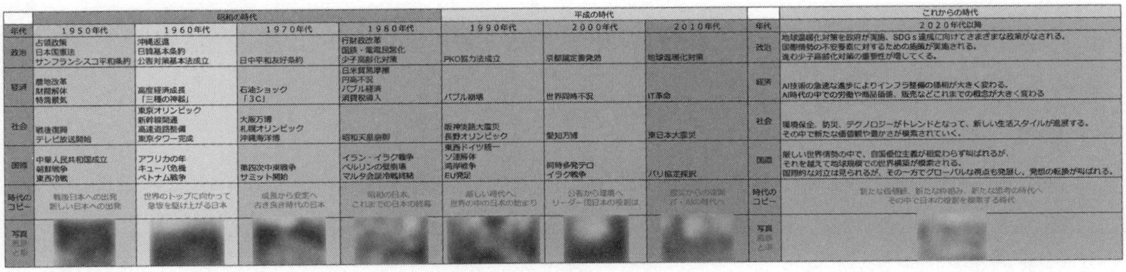

	昭和の時代				平成の時代		
年代	１９５０年代	１９６０年代	１９７０年代	１９８０年代	１９９０年代	２０００年代	２０１０年代
政治	占領政策 日本国憲法 サンフランシスコ平和条約	沖縄返還 日韓基本条約 公害対策基本法成立	日中平和友好条約	行財政改革 国鉄・電電民営化 少子高齢化対策	PKO協力法成立	京都議定書発効	地球温暖化対策
経済	農地改革 財閥解体 特需景気	高度経済成長 「三種の神器」	石油ショック 「3C」	日米貿易摩擦 円高不況 バブル経済 消費税導入	バブル崩壊	世界同時不況	IT革命
社会	戦後復興 テレビ放送開始	東京オリンピック 新幹線開通 高速道路整備 東京タワー完成	大阪万博 札幌オリンピック 沖縄海洋博	昭和天皇崩御	阪神淡路大震災 長野オリンピック	愛知万博	東日本大震災
国際	中華人民共和国成立 朝鮮戦争 東西冷戦	アフリカの年 キューバ危機 ベトナム戦争	第四次中東戦争 サミット開始	イラン・イラク戦争 ベルリンの壁崩壊 マルタ会談冷戦終結	東西ドイツ統一 ソ連解体 湾岸戦争 EU発足	同時多発テロ イラク戦争	パリ協定採択
時代のコピー	戦後日本への出発 新しい日本への出発	世界のトップに向かって 急坂を駆け上がる日本	成長から安定へ 古き良き時代の日本	昭和の日本、 これまでの日本の終幕	厳しい時代へ、 世界の中の日本の始まり	公害から環境へ、 リーダー国日本の役割は	震災からの復興 IT・AIの時代へ
写真							

	これからの時代
年代	２０２０年代以降
政治	地球温暖化対策を政府が実施、SDGｓ達成に向けてさまざまな政策がなされる。 国際情勢の不安要素に対するための施策が実施される。 進む少子高齢化対策の重要性が増してくる。
経済	AI技術の急速な進歩によりインフラ整備の様相が大きく変わる。 AI時代の中での労働や商品価値、販売などこれまでの概念が大きく変わる
社会	環境保全、防災、テクノロジーがトレンドとなって、新しい生活スタイルが進展する。 その中で新たな価値観や豊かさが模索されていく。
国際	厳しい世界情勢の中で、自国優位主義が相変わらず叫ばれるが、 それを越えて地球規模での世界構築が模索される。 国際的な対立は見られるが、その一方でグローバルな視点も発展し、発想の転換が叫ばれる。
時代のコピー	新たな価値観、新たな枠組み、新たな思考の時代へ その中で日本の役割を模索する時代
写真	

各年代の特色をまとめている様子：写真はテーマを決めて集めると特色が比較しやすい

②展開

歴史分析マトリクスへの入力は，家庭学習などの時間も使いながら学習進度に合わせて進めていき，第10時が始まるまでには完成させておく。

第10時は，入力したこれまでの部分を分析しながら，これからの時代について予測やあるべき姿などを構想させる。歴史分析マトリクスの2010年代の右に用意したこれからの時代の各セルに戦後70年の流れを分析しながらカテゴリーごとに入力させていく。セルの幅は自由に変えられるので，入力の状況に合わせて設定させる。また，入力する文章の状況も，生徒の能力に合わせて箇条書きや文章の形式など，自由に入力させていく。入力してきたこれまでのセルをよく見ながら分析して，これからの時代を構想することを重視させる。

イメージ写真は，インターネットで検索して，各時代に対する自分のイメージに近いものを選択させる。このとき，道や自動車，建造物，自然の様子といったように着目するテーマを決めて写真を続けていくと時代の変化がよく表れ，捉えやすい。

	F	G	H	I	J
1	平成の時代				これからの時代
2	１９９０年代	２０００年代	２０１０年代	年代	２０２０年代以降
3	PKO協力法成立	京都議定書発効	地球温暖化対策	政治	地球温暖化対策を政府が実施、SDGｓ達成に向けてさまざまな政策がなされる。 国際情勢の不安要素に対するための施策が実施される。 進む少子高齢化対策の重要性が増してくる。
4	バブル崩壊	世界同時不況	IT革命	経済	AI技術の急速な進歩によりインフラ整備の様相が大きく変わる。 AI時代の中での労働や商品価値、販売などこれまでの概念が大きく変わる
5	阪神淡路大震災 長野オリンピック	愛知万博	東日本大震災	社会	環境保全、防災、テクノロジーがトレンドとなって、新しい生活スタイルが進展する。 その中で新たな価値観や豊かさが模索されていく。
6	東西ドイツ統一 ソ連解体 湾岸戦争 EU発足	同時多発テロ イラク戦争	パリ協定採択	国際	厳しい世界情勢の中で、自国優位主義が相変わらず叫ばれるが、 それを越えて地球規模での世界構築が模索される。 国際的な対立は見られるが、その一方でグローバルな視点も発展し、発想の転換が叫ばれる。
7	厳しい時代へ、 世界の中の日本の始まり	公害から環境へ リーダー国日本の役割は	[illegible] IT・AIの時代へ	時代のコピー	新たな価値観、新たな枠組み、新たな思考の時代へ その中で日本の役割を模索する時代
8				写真 [illegible]	

戦後70年の変化を踏まえてこれからの時代を構想する様子：カテゴリーに沿って記入する

③まとめ

これからの時代の入力が終わったら，現在と未来の日本や世界の在り方を構想する最終の学習課題に入る。歴史分析マトリクスに入力したこれからの時代の部分をよく深めて，現在と未来の日本や世界についてどうあるべきかを，過去からの流れの分析を根拠にしながら構想させていく。

今回の学習課題は，歴史的分野の学習最後の学習課題となるものであるので，歴史と私たちとのつながりや歴史をよりよい社会の実現に生かすことなどを意識させる。

成果物の具体例と評価のポイント

①評価基準Aの具体例

戦後70年を振り返ると，大きく昭和の時代，平成の時代と分けて考えることができるのではないでしょうか。昭和の時代は，敗戦の荒野から立ち上がり，力強く前だけを向いてひたすら前進した時代，平成の時代は，ひたすら前進することで見えていなかった影の部分が大きくなり，改めて自分の位置を見直し始めた時代のように思えます。その一つの例が環境です。戦後の日本の課題は経済発展でした。この課題解決に向けて国民一丸となって努力し，勝ち得たのが高度経済成長でしょう。しかし，その光の裏には公害，そして環境問題と発展する新たな課題が広がりました。この課題解決に向けて方向を修正し，歩み始めたのが平成という時代です。そして，これからの時代は，この解決すべき課題を始めとして大きく変化している国際社会の動向に合わせて日本をかじ取りすることではないでしょうか。ITやAIが発達してこれまでの生活は大きく変わりました。環境保全が必須となり，私たちの価値観は大きく変わりました。これからの時代を生きる私たちにとって，柔軟な思考で歩んでいくことが重要なのではないでしょうか。歴史を振り返れば，我が日本はまさに柔軟な思考の転換で何度も危機を乗り越えてきました。柔軟な思考こそ我が国日本の強みです。この強みを生かして，世界の国々をリードしていくのがこれからの時代だと思います。

戦後の歴史を大きく捉えた上で，公害や環境という具体例に着目しながらこれからの日本の在り方を示しており，より明確で具体的に表現されているというA評価の基準を満たしている。また，歴史分析を基に歴史をこれからに生かそうとする記述もあるのでA評価と判断した。

②評価基準Bの具体例

戦後70年を振り返ると，国際関係が重要になってきたことがわかる。第二次世界大戦で崩れた国際関係を修復する。また，新たな関係を築き始めたのが昭和の頃だと考える。それから，地球的課題の解決で世界の国々と歩調を合わせながら頑張ってきたのが平成の頃である。そして，これからの時代は，この世界との関係をさらによくしていく時代だと思う。歴史を振り返れば，第二次世界大戦も世界が厳しい時代に入っていく中で，自国の利益を優先し，広い視野で世界を見ることができなかった結果であろう。だからこそ，これからの時代は，世界を広い視野で見て，世界各国が協力していくことが大切だ。その中で，日本がリーダーシップをとって，世界をリードしていってほしい。中国など新たな国が力をもつ時代に入ってきているが，日本には，政治でも経済でも，積み上げてきた歴史がある。この積み上げを生かせることが日本の強みであろう。歴史を生かして，これからの日本を創っていくことが大切だ。

B評価の基準は満たすものの，「より明確で具体的に表現されている」というA評価の基準までは到達していないと判断されるのでB評価とした。

現代社会新聞をつくり，私たちが生きる現代社会の特色を広く伝えよう

1人1台端末活用のポイント

本単元は，少子高齢化，情報化，グローバル化などが現在と将来の政治，経済，国際関係に与える影響について多面的・多角的に考察するが，その際の情報収集，情報の整理と共有，表現という過程において1人1台端末を活用する。情報の収集についてはインターネット検索を活用し，集めた情報から担当するテーマについての理解を深める。理解した情報は，Googleドキュメントでつくられた「取材ノート」に整理する。紙と違って文章だけでなく写真や図表なども簡単に整理することができて便利である。集めた情報は，Google Jamboardで「現代社会新聞」としながら整理し，メンバーが集めてきた情報を集約しながら共有していく。完成した新聞はその後に展開される私たちが生きる現代社会の特色を追究する授業での資料とする。デジタル作品ならではの提示のしやすさ，保管，管理のしやすさが生きてくる。

単元の目標

現代日本の特色として少子高齢化，情報化，グローバル化などが見られることや文化の意義と影響について理解するとともに，位置や空間的な広がり，推移や変化などに着目して，少子高齢化，情報化，グローバル化などが現在と将来の政治，経済，国際関係に与える影響や文化の継承と創造の意義について多面的・多角的に考察，表現し，私たちが生きる現代社会の特色について，現代社会に見られる課題の解決を視野に主体的に社会に関わろうとする態度を養う。

単元の評価規準

知識・技能
・現代日本の特色として少子高齢化，情報化，グローバル化などが見られることや文化の意義と影響について理解している。
思考力・判断力・表現力
・位置や空間的な広がり，推移や変化などに着目して，少子高齢化，情報化，グローバル化などが現在と将来の政治，経済，国際関係に与える影響や文化の継承と創造の意義について多面的・多角的に考察し，表現している。
主体的に学習に取り組む態度
・私たちが生きる現代社会の特色について，現代社会に見られる課題の解決を視野に主体的に社会に関わろうとしている。

単元の指導計画

時	主な学習活動	評価
1	**◆私たちが生きる現代社会を調べる** 現代日本の特色として少子高齢化，情報化，グローバル化についてグループで分担して資料を集め，その実態を捉える。	・現代日本の特色として少子高齢化，情報化，グローバル化などが見られることを理解している。（知技）
2	**◆私たちが生きる現代社会をまとめる** 集めた資料や分析をグループで共有し，担当するテーマ全体を見ながら，テーマの過去，現在，これからについて整理する。	・現代日本の特色として少子高齢化，情報化，グローバル化などが見られることを理解している。（知技）
3	**◆私たちが生きる現代社会を考える①** 作成した現代社会新聞を活用しながら少子高齢化，情報化，グローバル化の実態を確認し，現在と将来の政治，経済，国際関係に与える影響について考察する。	・少子高齢化，情報化，グローバル化などが現在と将来の政治，経済，国際関係に与える影響について多面的・多角的に考察し，表現している。（思判表）
4	**◆私たちが生きる現代社会を考える②** 少子高齢化，情報化，グローバル化などが現在と将来の政治，経済，国際関係に与える影響について考察したことを基にして，私たちが生きる現代社会の特色や課題について文章にまとめる。	・少子高齢化，情報化，グローバル化などが現在と将来の政治，経済，国際関係に与える影響について多面的・多角的に考察し，表現している。（思判表）
5	**◆日本の伝統と文化を知る** 日本の文化の特色や日本の文化の意義，継承の実態や課題などについて理解する。	・現代日本の特色として文化の意義と影響について理解している。（知技）
6	**◆文化の継承と創造の意義を考える** 日本の文化の意義と継承や創造の重要性や日本文化の継承に関わる課題の把握と解決について多面的・多角的に考察する。	・文化の継承と創造の意義について多面的・多角的に考察し，表現している。（思判表）

授業展開例（第１～４時）

（1）パフォーマンス課題

あなたは新人新聞記者です。入社後の研修期間を経て，あなたは社会部に配属されました。そこで社会部長から初仕事を依頼されたのです。

「さて，君の初仕事は特集記事の中に設定した現代社会新聞の作成だ。今回の特集記事で少子高齢化，情報化，グローバル化の３つの変化に着目し，現代社会の変化とこれからについて考えさせる記事とする。君にはその特集の中で，３つの変化をそれぞれに扱った現代社会新聞を作成してもらいたい。新聞記事の書き方や編集についての練習にもなるのでいいだろう。他の新人記者と分担して少子高齢化，情報化，グローバル化のいずれかのテーマで現代社会新聞を作成したまえ。この後，新人記者をグループ分けするから，その仲間とともに，割り当てられたテーマに沿って，それぞれの過去，現在，そしてこれからという視点で記事を書き，それを編集して１枚の現代社会新聞にする。その新聞を読めば，テーマにしている現代社会の特色について概要がわかるように作成してくれ。担当したテーマの現代社会新聞ができたら，担当記者全体で共有し，私たちが生きる現代社会の特色を共有して全体像を捉えたい。その上で，担当記者の立場から私たちが生きる現代社会の特色についてのコラムを書いてもらう。優秀な内容のコラムは特集記事の中への掲載も考えるから頑張ってくれ」

社会部長はそう言うと，すぐに新人記者たちを集めてグループ分けを始めました。あなたを含めて４人のメンバーが決まると，担当するテーマの過去，現在，これからといった視点を基にして担当を分担します。今の新聞作成では，パソコンが当たり前のように使用されます。あなたは自分の１人１台端末を開いてさっそく，資料を集める作業に入るのでした。

（2）ルーブリック

	パフォーマンスの尺度（評価の指標）
A	・学習の成果や作成した現代社会新聞を活用して，少子高齢化，情報化，グローバル化などが現在と将来の政治，経済，国際関係に与える影響について多面的・多角的に考察，表現し，そこに見られる現代社会の課題解決を視野に主体的に社会に関わろうとしている。
B	・学習の成果や作成した現代社会新聞を活用して，少子高齢化，情報化，グローバル化などが現在と将来の政治，経済，国際関係に与える影響について多面的・多角的に考察し，表現している。
C	・学習の成果を十分に生かしきれていなかったり，少子高齢化，情報化，グローバル化などが現在と将来の政治，経済，国際関係に与える影響についての考察，表現が不十分であったりしている。

（３）授業の流れ

①導入

この単元の構成は，全６時間のうち，前半の４時間を私たちが生きる現代社会の特色，後半２時間を文化の特色として割り振った。

前半の４時間は，パフォーマンス課題の設定に従って進めていく。第１時の冒頭でパフォーマンス課題を生徒に提示して，４時間の流れを説明する。このとき生徒が取り組む課題として，少子高齢化，情報化，グローバル化のいずれかを４人グループで分担して過去，現在，これからという視点からその特色を分析し，現代社会新聞という形でまとめることと，学習全体を通じて私たちが生きる現代社会の特色についてのコラムを書くことの説明をし，生徒それぞれが見通しをもって学習に取り組むよう促す。また，このコラムの内容が提示するルーブリックに基づいて単元の学習成果の一つとして評価されることも先に伝えておく。そして，担当する特色の分担やグループ内での分担を決めてから，現代社会新聞の作成に入る。

②展開

まずは，グループ内での分担に沿って，インターネットなどを活用しながら調べさせる。このとき，生徒にはGoogleドキュメントで作成した「取材ノート」を配信して，ここに取材の成果を貯めさせていく。

取材ノートには，小見出しのアイデアや資料の情報と説明，記事の文面などを考えて自由に記録させる。第１時ではここまでの活動をさせておき，不足する部分は，家庭学習などで補っておくよう指示しておく。

第２時では，Googleドキュメントに貯めた情報を，Google Jamboardを共有して１枚の現代社会新聞にまとめる。この段階でレイアウトを考えながら，掲載する情報を精選させ，担当するテーマについて過去，現在，これからといった流れの全体像が見えるように整理させる。

現代社会新聞・取材ノート

3年　組　番:氏名
取材テーマ:少子高齢化のこれまで

小見出し:今では考えられない！昭和の中学校は学年8クラス編成！！

昭和30年代の小学校での授業風景。1学級50人を越える学級編成もあった。

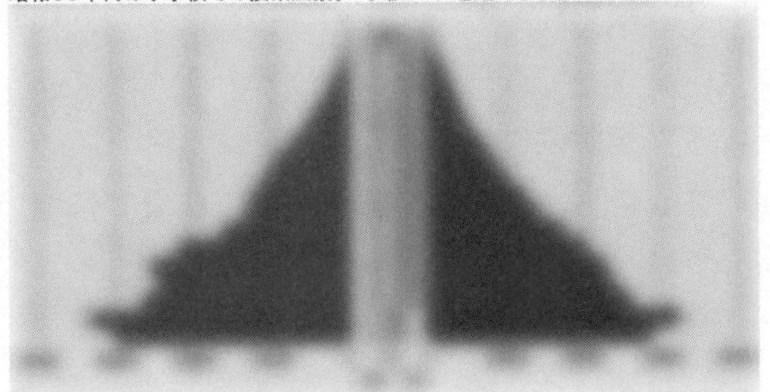

昭和30年のの人口ピラミッド。今では考えられない富士山型。この人口構成を前提として全ての社会システムが戦後に作られた。

取材ノートを作成してテーマに沿った資料を集め，記事を考える

現代社会新聞

○組A班

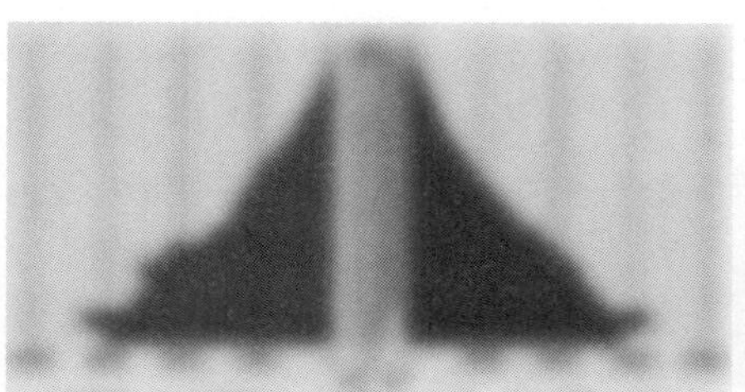

これは昭和３０年の日本の人口ピラミッドです。今とは違った富士山型をしています。若い世代が一番多く年代が上がるにつれて少なくなっていくという人口構成を大前提として、戦後の社会システムはつくられたのです。

今では考えられない
昭和の学校の授業風景！

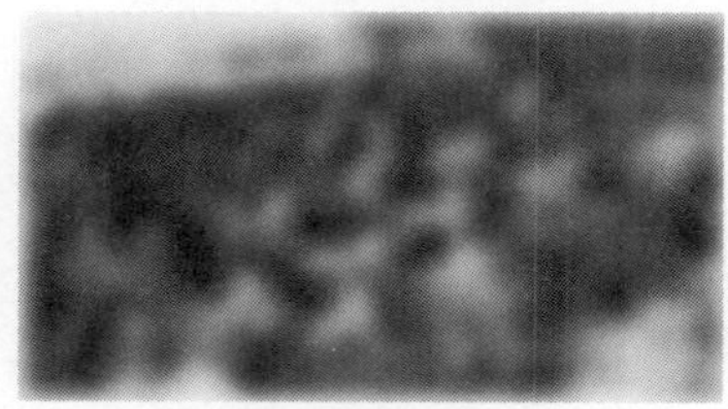

この教室にいったい何人の生徒がいるでしょうか。これは昭和３０年頃の小学校の教室の様子です。この頃は、１学級５０人を超えることも珍しくはありませんでした。今では考えられない光景が昭和の頃にはありました。

富士山型からつぼ型へ
日本のすべてが変わった！

左の人口ピラミッドは、戦後の日本の人口構成の変化をあらわしています。まさに少子高齢化の進行が見られます。若い世代が多いことを前提とした日本の社会システムはいったいどうなるのでしょうか。
前提が変わってしまったのだから社会システムを大きく見直さなければなりません。このままでは日本の崩壊は目に見えています。今こそ、新しい時代の新しい社会システムを考えるときなのです。

Google Jamboardを共有して新聞をつくる。資料を活用しながら私たちが生きる現代社会の特色を伝える
（掲載している資料は著作権の関係上，ぼかしてあります）

第2時はこの段階まで進むよう，時間を配慮する。

③まとめ

第3時は，完成した各班の現代社会新聞を活用しながら，少子高齢化，情報化，グローバル化の過去，現在，これからについて指導する。このとき，時間配分を考えながら生徒の発表を織り交ぜていくが，生徒の発表だけでは落としてしまっている部分があったり，担当ではない現代社会の特色について理解が低かったりするところを授業者が適切に補っていくことが重要であり，第3時，第4時を設定した意味であることに留意する。さらには，特色の追究の中から課題が生徒に見えてくるよう配慮することも大切である。

このような学習を進めた上で，最終の課題であるコラムの作成に入る。このとき，再度パフォーマンス課題を提示して文中の「担当記者の立場から私たちが生きる現代社会の特色についてのコラムを書いてもらう」という部分やルーブリックに着目させ，学習課題が求めているものは何なのかを明確にするように留意する。

課題の作成にあたっての形式や提出方法などについては，授業時数や学校事情などに合わせて設定してほしい。

成果物の具体例と評価のポイント

①評価基準 A の具体例

> コラム「日本の少子高齢化」
>
> 少子高齢化の急速な進行。これは現代社会に生きる私たちにとっては，もはや当たり前のこととなっている。しかし，この当たり前は，かつては当たり前ではなかった。昭和30年頃の小学校の授業風景の写真を見ると，50人にもなる生徒が教室を埋め尽くして学習している。20人台の学級も珍しくない現代の我々にとっては驚くべき光景だ。人口ピラミッドの変化を見てみると，富士山型からつぼ型へといった変化がはっきりと読み取れる。実態とデータはまさに一致しているのである。この少子高齢化の進行は，これからの社会に何をもたらすのであろうか。人は労働力である。人が働いて物をつくり，それによって社会や人々の生活が潤っている。若い世代を中心とした人口が減少するということは，その生産及び消費が減少するということだ。これだけでも社会に大きな影響があり，大きな課題である。変化はそれだけではない。少子化と連動して起こっているのは高齢化だ。長寿を手にしたことは喜ばしいことだが，すべての人が健康であるわけではない。医療費や介護費など社会保障関連の費用が増大することは確実である。ここには財政も大きく関係しており，もはや高齢者だけの問題ではない。このままでは社会システムの崩壊につながることは誰でも理解できよう。この状況をどうしたらいいのか。この鍵が社会システムの転換にある。現在の社会システムはすべて過去の人口構成を前提としてつくられているのであるが，前提が崩れたのだから変えなければならないという単純明快な発想だ。社会システムの大転換こそ，国の政治，経済，社会のシステムを国民皆で考え実行することが強く求められる。今こそ国民全体で社会システムの大転換を議論しよう。

後半に現代社会の課題解決を視野に主体的に社会に関わろうとしている記述があるのでA評価とした。

②評価基準 B の具体例

> コラム「日本の少子高齢化」
>
> 少子高齢化の急速な進行。これは現代社会に生きる私たちにとっては，もはや当たり前のこととなっている。しかし，この当たり前は，かつては当たり前ではなかった。昭和30年頃の小学校の授業風景の写真を見ると，50人にもなる生徒が教室を埋め尽くして学習している。20人台の学級も珍しくない現代の我々にとっては驚くべき光景だ。人口ピラミッドの変化を見てみると，富士山型からつぼ型へといった変化がはっきりと読み取れる。実態とデータはまさに一致しているのである。この少子高齢化の進行は，これからの社会に何をもたらすのであろうか。

現代社会の課題解決を視野に主体的に社会に関わろうとしているとまでは言えないのでB評価とした。

供給と価格との関係を示す グラフ資料をつくろう

１人１台端末活用のポイント

需要と供給との関係により価格が決定するメカニズムの理解は，経済学習の中でも難しいところの一つであろう。この学習では，Google スプレッドシートのグラフ作成機能を使って，みかんと鶏卵の実際の供給量と価格をグラフ化することにより，供給量の変化による価格の決定や変動の様子を実感させる。

１人１台端末の活用によって教科書に資料として掲載されているようなグラフを，生徒自ら作成することが簡単にできるようになり，目には見えない経済の動きに直接触れるような実体験ができるようになった。また，考察した成果は，同じスプレッドシートに「考えてほしいことシート」を用意し，質問に答える形で需要と供給との関係や価格の決定に至る様子を記録するようにした。

単元の目標

身近な消費生活を中心に経済活動の意義，市場における価格の決定や資源の配分について理解しているとともに，対立と合意，効率と公正，分業と交換，希少性などに着目して，個人の経済活動における役割と責任について多面的・多角的に考察，表現し，市場の働きと経済について，現代社会に見られる課題の解決を視野に主体的に社会に関わろうとしている。

単元の評価規準

知識・技能
・身近な消費生活を中心に経済活動の意義，市場における価格の決定や資源の配分について理解している。
思考力・判断力・表現力
・対立と合意，効率と公正，分業と交換，希少性などに着目して，個人の経済活動における役割と責任について多面的・多角的に考察し，表現している。
主体的に学習に取り組む態度
・市場の働きと経済について，現代社会に見られる課題の解決を視野に主体的に社会に関わろうとしている。

単元の指導計画

時	主な学習活動	評価
1	**◆私たちの収入と支出** 経済主体の一つである家計に着目し，その収入や支出の実態を理解し，個人の経済活動における家計の役割やよりよい在り方について多面的・多角的に考察する。	・対立と合意，効率と公正などに着目して，個人の経済活動における家計の役割やよりよい在り方について多面的・多角的に考察し，表現している。（思判表）
2	**◆流通の仕組み** 生産者と消費者を効率的につなぐ流通の仕組みについて理解し，流通の意義や社会的な役割について多面的・多角的に考察する。	・効率と公正，分業と交換などに着目して，流通の意義や社会的な役割について多面的・多角的に考察し，表現している。（思判表）
3	**◆消費者問題と消費者保護** 消費者をめぐる問題の発生や状況，消費者の権利や保護について理解し，消費者の自立について多面的・多角的に考察する。	・対立と合意，効率と公正などに着目して，消費者の自立について多面的・多角的に考察し，表現している。（思判表）
4	**◆経済活動と貨幣の循環** 国民生活の中で貨幣と商品が逆方向で循環していることについて理解し，お金の経済的な役割について多面的・多角的に考察する。	・効率と公正，分業と交換などに着目して，お金の経済的な役割について多面的・多角的に考察し，表現している。（思判表）
5	**◆資源の効率的な配分** 資源の配分，希少性などについて理解し，資源の効率的な配分について多面的・多角的に考察する。	・対立と合意，効率と公正，分業と交換，希少性などに着目して資源の効率的な配分について多面的・多角的に考察し，表現している。（思判表）
6	**◆市場の仕組みと価格** 需要と供給との関係，市場における価格の決定など市場経済の仕組みについて理解し，よりよい価格の在り方について多面的・多角的に考察する。	・効率と公正などに着目して，よりよい価格の在り方について多面的・多角的に考察し，表現している。（思判表）

授業展開例（第 6 時）

（1）パフォーマンス課題

> あなたは中学 3 年生です。あなたはいつもスマートフォンでネット上にある学習動画を見て予習をしています。翌日の公民の学習が「需要と供給の関係」という授業だったので，予習としていつものネット上にある学習動画を見ました。動画では「市場において価格は，需要と供給のバランスで決定されます」との説明があり，需要曲線と供給曲線のグラフが表示されていました。あなたはその動画を見ていても今一つ理解できません。「需要曲線と供給曲線が交わったところが均衡価格でそれが店で売られている値段なのかな？商品の価格ってどうなっているのだろう？」と頭の中がやたらに混乱しています。
>
> 翌日，あなたは 1 時間目後の休み時間に公民担当の先生に相談しました。「昨日，ネットの動画で今日学習する需要と供給の関係について予習したのですが，かえってよくわからなくなってしまいました。今日の授業でわかるようにしたいのですが大丈夫ですか？」すると公民担当の先生は笑顔で，「そうなるんじゃないかと思っていたよ。ネットの動画で説明していたことは正しいことなのだが，実感がわかないよね。そこで今日の授業では，みかんと鶏卵の実際の供給量と価格を使って，君たち自身に価格の決定について明らかにしてもらうよ。君たち自身に明らかにしてもらうと言っても，ちゃんと教材は用意してあるから大丈夫。安心して取り組んでくれ。あっ，そうそう，ちゃんと理解できたかどうか，授業の最後に論述試験をするから頑張れよ」と言って公民担当の先生は，別のクラスの授業に行きました。
>
> あなたのクラスの公民の授業は 4 時間目です。「そう言われても，昨日挫折しているんだから心配だなぁ。先生は，ちゃんと教材は用意してあるから大丈夫って言っていたけど本当に大丈夫かなぁ。最後に論述試験をするって言っていたけど，できるかなぁ」あなたは不安を抱いたまま，授業に臨むのでした。

（2）ルーブリック

	パフォーマンスの尺度（評価の指標）
A	・事例を使いながら，より具体的に需要と供給との関係からの価格の決定について理解し，よりよい価格の在り方について考察した結果を具体的かつ適切に表現している。
B	・事例を使いながら，需要と供給との関係からの価格の決定について理解し，よりよい価格の在り方について考察した結果を適切に表現している。
C	・需要と供給との関係からの価格の決定についての理解が不十分であったり，よりよい価格の在り方について考察した結果を適切に表現できていなかったりしている。

（３）授業の流れ

①導入

はじめに，今日の学習は需要と供給との関係や価格の決定に関する学習を行うことを告げてから教科書を開かせ，該当箇所を読んで聞かせる。生徒に読ませてもよいだろう。プロジェクターには需要と供給のグラフを提示しておく。生徒は学習内容をまったく理解できないであろう。本時の学習内容が，そのままだと難解なものであることを実感させてから本時のパフォーマンス課題を示す。

ここまでの流れは，パフォーマンス課題で設定した場面なのである。実際にインターネット上にある動画を見せるのもよいだろう。さらっと見ただけではまったくわからないという感じのものを使う。ただし，この部分はあくまでもパフォーマンス課題の場面をつくることが目的なので，過度な時間はかけないようにする。

②展開

パフォーマンス課題の場面ができあがり，生徒が予習をしてきたがよくわからなかった中学生の気分になったらさっそく学習課題に入る。ひな型として用意しておいたスプレッドシートを生徒に配付し，グラフの作成に入る。使うデータは公的な機関が発表している実数などを活用する。時間が十分に取れるようならば，実際に公的な機関のホームページなどからデータを収集することも学習効果があるが，そうでない場合は，授業者が用意した資料を基にデータを入力させる。

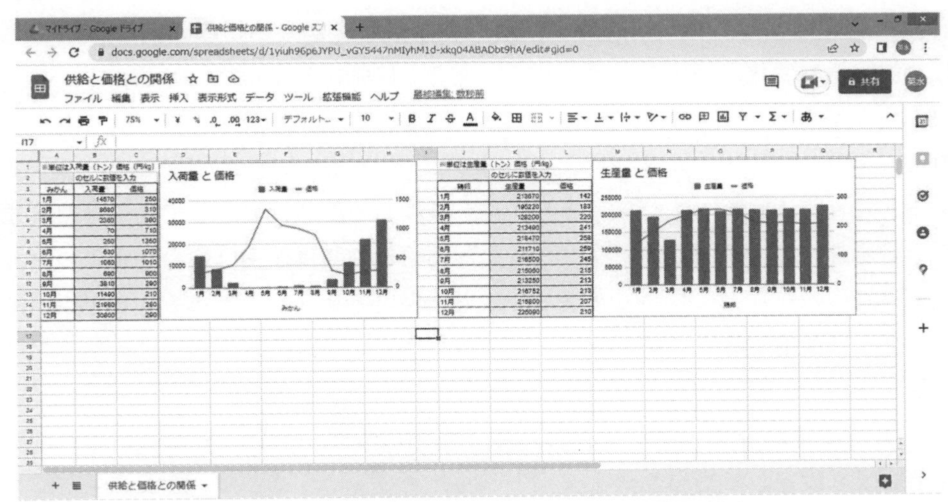

Google スプレッドシートでみかんと鶏卵の供給量と価格の月別統計をグラフ化する

この作業は単純作業ではあるが，データを自ら入力することによってデータに直接触れる中で新たな気付きや考察を促すことをねらっており，今後，自ら有用なデータを探して入力し，グラフ化するという統計処理の技能育成にもなる。こうした自らの手や頭を実際に活用する課題は，生徒の実感を伴った学習に通じる。

データとして使用する商品は，みかんと鶏卵が効果的と考えた。農産物であり，旬の時期の関係で月によって生産量（グラフは出荷量）が変化するみかんと，同じ農産物でありながら月別の生産量がそれほど変化しない鶏卵とでは，価格の変化もまったく違うものとなってくるので，比較対象として好条件である。

グラフが完成したら考察に入る。考察する内容は，質問に答えさせる形式にしておくと考えやすい。別のシートに質問とその回答を入力できるセルを用意した質問シートを用意しておくと，生徒は円滑に作業できる。

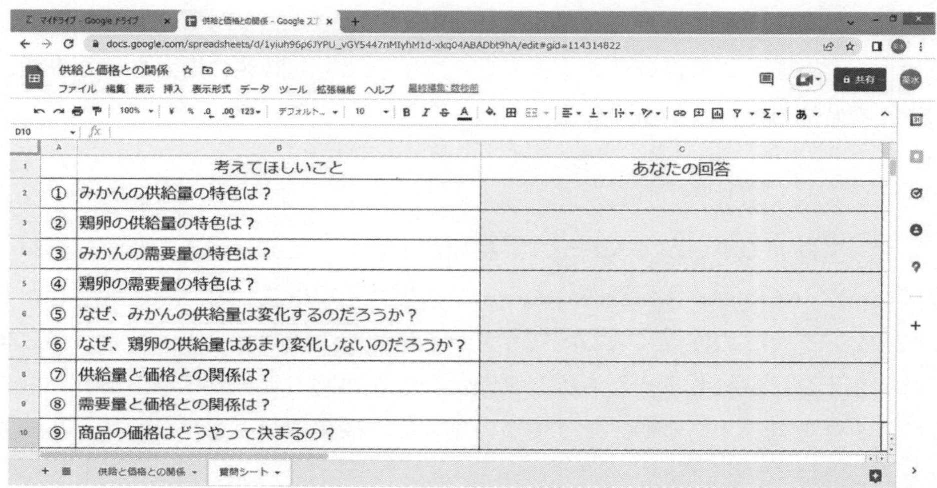

	考えてほしいこと	あなたの回答
①	みかんの供給量の特色は？	
②	鶏卵の供給量の特色は？	
③	みかんの需要量の特色は？	
④	鶏卵の需要量の特色は？	
⑤	なぜ、みかんの供給量は変化するのだろうか？	
⑥	なぜ、鶏卵の供給量はあまり変化しないのだろうか？	
⑦	供給量と価格との関係は？	
⑧	需要量と価格との関係は？	
⑨	商品の価格はどうやって決まるの？	

2つのグラフを比較し，質問に回答するための考察の中から，市場における供給量が価格を決定し，供給量の変化が価格を変化させていることに気付かせる。

③まとめ

考察シートの質問に回答できたら，その回答を整理して論述試験として設定した論述課題を書かせる。論述課題は，事例を使いながら需要と供給との関係から価格の決定についての理解と，よりよい価格の在り方について考察した結果を表現させるものであることを生徒にしっかりと示せるように準備する。パフォーマンス課題とともに提示したルーブリックを再度提示しながら確認する。

回答用紙は，Google ドキュメントで作成し，思考の時間が十分に確保できるだけの期間を取って提出期限を設定して提出させる。

成果物の具体例と評価のポイント

①評価基準 A の具体例

「みかんは変動する」「鶏卵は変動しない」これが２つの商品の供給量と価格の大きな違いだ。そして，ここから供給量の変化が価格の変化を発生させるのだと考えた。みかんの変動を見ると供給量の多い冬は価格が低く，供給量の少ない夏は価格が高いことがわかる。これはみかんが季節性のある（旬の時期がある）商品という性格による。供給量が減って希少性が高くなる夏は価格が上がり，供給量が多くなって希少性が低くなる冬は価格が下がるのだ。さらに供給量と需要量は表裏の関係にあり，冬は需要量よりも供給量が上回るので希少性が低くなり，夏は需要量が供給量を上回ることで希少性が高くなることも価格に影響する。一方で鶏卵には季節性がない（年中一定の生産がある）商品なので供給量に変化があまりなく，価格も変化があまりないと考えられる。このみかんと鶏卵は農産物であり，購買者が不特定多数ある商品である。このような市場では市場原理が働くため，供給（需要）が価格を決定することが実現するのである。このような考察から，よりよい価格の在り方とは，様々な商品において適正で安定した価格が維持され，消費者の生活が安定的に行えることと考えた。消費者の生活は生産者の提供する商品を対価である貨幣で支払って購入し，それを活用することで維持されている。ゆえに商品の価格の安定は，消費者の生活の安定を意味するのである。価格が乱高下したり，持続的に上昇を続ける状況は，消費者にとって不利益であろう。価格の維持のためには，生産者の努力はもちろんのこと，消費者の生活を守るための公的な制度や支援も大切だろう。また，価格安定のための生産者支援も重要である。価格の変動を目印として供給や需要の状況を監視し，適切な安定化策を適時行うことが，とても重要であると考えた。

事例を上手に使いながら希少性など既習知識も活用して価格の決定について論じ，よりよい価格の在り方では生産者のみならず公的な制度や支援の拡充についても触れているので A 評価とした。

②評価基準 B の具体例

みかんの供給量は冬に多く夏に少ないという変化がある。また価格は冬に安く夏に高いという変化がある。また鶏卵は１年を通じて供給量があまり変化せず，価格も変化していない。このことから，価格は供給量によって決定され，供給量が少ないと価格が上がり，供給量が多いと価格は下がるということがわかる。また価格の裏返しが需要量であり，需要量と価格との関係は，供給量と価格との関係と逆の動きとなる。このような考察から，よりよい価格の在り方とは，安定した価格の維持と考え，そのためには供給量の安定が重要であると考えた。実社会において，生産者を中心に安定した供給量維持の努力がとても大切であると考える。

B 評価の基準を満たすものの，具体的とまではいかないと判断し B 評価とした。

あなたが考えた予算編成書をつくろう

1人1台端末活用のポイント

財政支出を考えるアクティビティはこれまでもあったが，これを1人1台端末を使って実施する。これまでは円グラフなどを用いて割合で配分を考えさせていたが，Google スプレッドシートを使えば実数での予算編成が簡単にできる。割合では感じられなかった予算額の大きさを，実数で行うことで実感することができる。また，シートに計算式を入れておけば，決められた予算総額を見ながら配分を調節することもできる。さらに完成した表から円グラフも簡単に作成できる利点もある。完成した表とグラフはドキュメントに移して予算編成書を作成する。設定された項目を記入しながら1人1枚の予算編成書が簡単にでき，単元の評価材料としても活用できる。また，用紙のスペースにとらわれずに記入し，そのまま提出することも可能である。

単元の目標

社会資本の整備，公害の防止などの環境の保全，少子高齢化社会における社会保障の充実と安定化，消費者の保護，財政及び租税の意義，国民の納税の義務について理解するとともに，対立と合意，効率と公正，分業と交換，希少性などに着目して，市場の働きに委ねることが難しい諸問題に関して，国や地方公共団体が果たす役割や財政及び租税の役割について多面的・多角的に考察し，表現し，国民の生活と政府の役割について，財政悪化や財政方針の選択，適切な予算配分など現代社会に見られる課題の解決を視野に主体的に関わる態度を養う。

単元の評価規準

知識・技能
・社会資本の整備，公害の防止などの環境の保全，少子高齢化社会における社会保障の充実と安定化，消費者の保護，財政及び租税の意義，国民の納税の義務について理解している。
思考力・判断力・表現力
・対立と合意，効率と公正，分業と交換，希少性などに着目して，市場の働きに委ねることが難しい諸問題に関して，国や地方公共団体が果たす役割や財政及び租税の役割について多面的・多角的に考察し，表現している。
主体的に学習に取り組む態度
・国民の生活と政府の役割について，財政悪化や財政方針の選択，適切な予算配分など現代社会に見られる課題の解決を視野に主体的に関わろうとしている。

単元の指導計画

時	主な学習活動	評価
1	**◆国民生活と財政** 市場経済における財政の役割や家計や企業など国民生活との関係についてその仕組みを理解し，市場の働きに委ねることが難しい諸問題に関して，国や地方公共団体が果たす役割を考察する。	・市場の働きに委ねることが難しい諸問題に関して，国や地方公共団体が果たす役割を多面的・多角的に考察し，表現している。(思判表)
2	**◆歳入と歳出** 国の歳入と歳出の内訳や税金の流れや租税徴収の在り方について理解し，その課題に関して多面的・多角的に考察する。	・市場の働きに委ねることが難しい諸問題に関して，財政及び租税の役割を多面的・多角的に考察し，表現している。(思判表)
3	**◆社会保障と財政** 深刻化する高齢化社会の進行に対して，社会保障の意義や社会保障制度の概要などを理解し，その課題について考察する。	・少子高齢化社会における社会保障の充実と安定化に関して，国や地方公共団体が果たす役割を多面的・多角的に考察し，表現している。(思判表)
4	**◆社会資本の整備と財政** 社会資本の整備に関してその意義や課題について理解し，少子高齢化が進む中での社会資本整備の在り方に関して，国や地方公共団体が果たす役割について考察する。	・少子高齢化が進む中での社会資本整備の在り方に関して，国や地方公共団体が果たす役割を多面的・多角的に考察し，表現している。(思判表)
5	**◆これからの財政の在り方** 少子高齢化の進行や財政悪化など財政をとりまく諸課題について理解し，これからの国や地方公共団体が果たす役割や財政及び租税の役割について多面的・多角的に考察する。	・市場の働きに委ねることが難しい諸問題に関して，国や地方公共団体が果たす役割や財政及び租税の役割を多面的・多角的に考察し，表現している。(思判表)
6	**◆理想の予算編成を考える** 社会資本の整備，公害の防止などの環境の保全，少子高齢化社会における社会保障の充実と安定化，消費者の保護，財政及び租税の意義，国民の納税の義務などの理解を基にして，今の社会状況や国民のニーズ，将来のよりよい日本の姿を考えながら理想の予算編成を考察する。	・国民の生活と政府の役割について，財政悪化や財政方針の選択，適切な予算配分など現代社会に見られる課題の解決を視野に主体的に関わろうとしている。(態度)

授業展開例（第６時）

（１）パフォーマンス課題

あなたは財務省の中堅職員です。入省以来，予算編成の仕事に携わってきました。そして今年も来年度の予算編成の時期がやってきました。そんなとき，予算編成課長から声をかけられました。

「君も入省してずいぶん経ったな。予算編成の仕事も板についてきたことだろう。そろそろ大きな仕事を担当してみないか。今，来年度の予算編成の仕事が始まろうとしている。各省庁からは様々な予算請求が上がってきているが，すべてその通りにというわけにはいかない。国としても優先してやるべきこともあるし，すでに歳出が決まっているものもある。そして，何より歳入額が決まっているから何でもかんでも歳出するというわけにはいかないだろう。そこで，例年の状況などを参考にして財務省としての原案をつくっておきたい。その仕事を君に任せたいのだ。来年度の予算規模は110兆円くらいになるだろう。それを今の社会状況や国民のニーズ，将来のよりよい日本の姿を考えながら配分してみてくれ。これら歳出の基になる歳入のおおよそは国民が納めた税金だ。大切な税金を歳出するのだから責任は大きいぞ。国民の幸せを考えて原案を練ってくれ」

そのように課長は言うとパソコンにある予算編成考察シートと予算編成書を示して部屋を出ていくのでした。

あなたはさっそく，前年度の一般会計歳出を分析し，限られた予算の中で今の社会状況や国民のニーズ，将来のよりよい日本の姿を考えながら配分し始めるのでした。

（２）ルーブリック（予算編成書を評価する）

	パフォーマンスの尺度（評価の指標）
A	・各項目について適切な配分を行い，その配分理由や重点について今の社会状況や国民のニーズ，将来のよりよい日本の姿などを明確に示し，根拠を明らかにしながら具体的かつ論理的に説明している。
B	・各項目について適切な配分を行い，その配分理由や重点について根拠を明らかにしながら論理的に説明している。
C	・各項目について適切な配分を行っていなかったり，その配分理由や重点について根拠が明確でなかったり論理的に説明していなかったりしている。

（３）授業の流れ

①導入

本時が単元の最終授業なので，これまでのワークシートなどを確認しながら社会資本の整備，公害の防止などの環境の保全，少子高齢化社会における社会保障の充実と安定化，消費者の保護などの内容を振り返り，財政及び租税の意義やその果たす役割の大きいことを確認する。

次にパフォーマンス課題を提示して，単元の最終課題として，自分なりの予算編成を行い，その根拠を示した予算編成書を作成することを告げる。

予算編成に入る前に，予算編成にあたっての方針を，ワークシートを用いて整理する。

②展開

①予算編成の項目を確認しよう

社会保障関係費	文教・科学振興費	国債費
地方交付税交付金等	防衛関係費	公共事業費
経済協力費	中小企業対策費	エネルギー対策費
食料安定供給関係費	その他	

※このうち，国債費と地方交付税交付金等は歳出がすでに決まっている項目です。

②予算配分の重点を考えよう

★重点とする項目は…（　　　　　　　　　　）

★その理由（大まかでかまわない）

※予算額は110兆円です。前年度の歳出を参考にしながら，今の社会状況や国民のニーズ，将来のよりよい日本の姿を考えながら予算編成考察シートを使って配分してください！

ワークシートの例

ある程度ワークシートがまとまったら，Google スプレッドシートを開き，予算編成考察シートに入力しながら，適正な予算配分を考える。

スプレッドシートには，ワークシートにあった11項目の表があり，そこに金額を入力していく。表の下には合計金額が表示されるようにしておき，この数字を見ながら全体が110兆円となるように配分させる。なお，国債費と地方交付税交付金等は状況により歳出がすでに決まってしまう項目なので，妥当な金額を授業者の方で入れておく。このことから歳入のすべてを自由に配分できるのではなく，すでに歳出が決まっているものを差し引いた残りを政策的経費に使っていること，さらには国債の発行が増えて国債費が増えたり，地方財政が悪化して地方交付税交付金など地方財政への支援が増えたりすれば，国としての政策的経費が圧迫されてしまう財政の硬直化が進行してくることに気付かせたい。

また，実数で予算配分を考えることにより，巨額なお金が政策的経費として支出されていること，その財源の基本は国民が納めた税金であること，巨額の税金が使われる歳出は，国民生活にとって大きな影響をもつこと，政治学習と関連させ，これらの判断は政治として行われていること，主権者としての国民がしっかりと財政を見ていくことが重要であることなど，この単元で学習してきたことを総合して振り返らせたい。

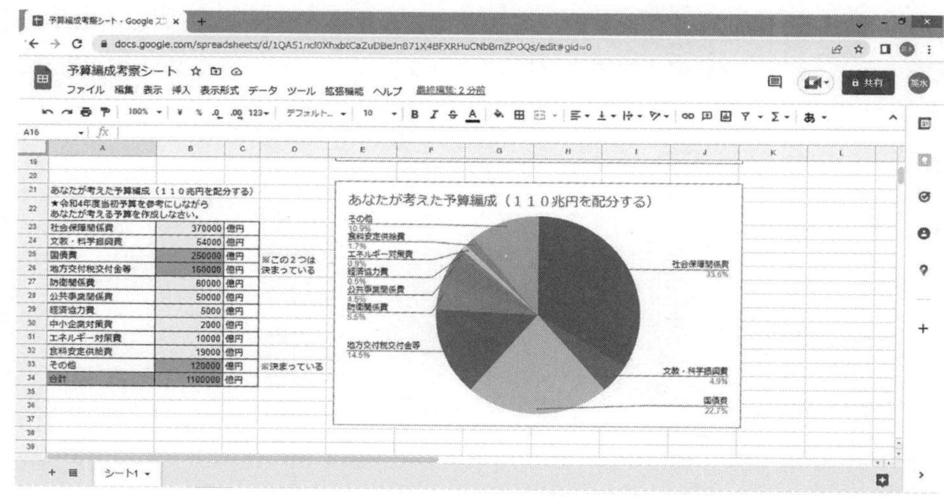

あなたが考えた予算編成（１１０兆円を配分する）
★令和4年度当初予算を参考にしながら
あなたが考える予算を作成しなさい。

項目	金額	単位	備考
社会保障関係費	370000	億円	
文教・科学振興費	54000	億円	
国債費	250000	億円	※この２つは決まっている
地方交付税交付金等	160000	億円	
防衛関係費	60000	億円	
公共事業関係費	50000	億円	
経済協力費	5000	億円	
中小企業対策費	2000	億円	
エネルギー対策費	10000	億円	
食料安定供給費	19000	億円	
その他	120000	億円	※決まっている
合計	1100000	億円	

Google スプレッドシートを使った予算編成考察シートの例

③まとめ

予算編成考察シートができたら，表と円グラフを Google ドキュメントで作成した予算編成書に移して，その配分理由や予算編成に関して重視したこと，学んだことを記入させて提出する。

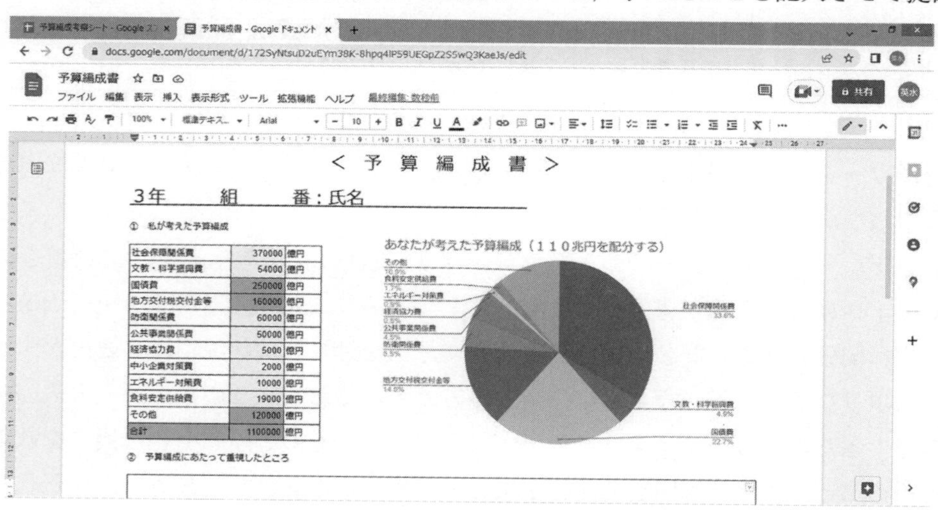

＜ 予 算 編 成 書 ＞

3年　　組　　番：氏名

① 私が考えた予算編成

項目	金額	単位
社会保障関係費	370000	億円
文教・科学振興費	54000	億円
国債費	250000	億円
地方交付税交付金等	160000	億円
防衛関係費	60000	億円
公共事業関係費	50000	億円
経済協力費	5000	億円
中小企業対策費	2000	億円
エネルギー対策費	10000	億円
食料安定供給費	19000	億円
その他	120000	億円
合計	1100000	億円

② 予算編成にあたって重視したところ

Google ドキュメントを使った予算編成書の例

成果物の具体例と評価のポイント

①評価基準Aの具体例

私は予算編成にあたり，ウクライナ情勢について着目しました。ウクライナとロシアの問題が長期化する中で世界はこれまでにない物価高，エネルギー不足とそれに伴う企業の経営難が起こっています。これらはすでに私たちの国民生活にまで直接的な影響を及ぼすようになってきました。年に何回もの価格の値上げや夏冬における節電要請，中小企業の経営難による倒産や失業問題などこれらは悪循環のサイクルのようにつながって，国民生活を圧迫しています。

これらの今，日本で起こっている経済問題は，市場の働きに委ねることが難しい諸問題であり，国や地方公共団体が果たす役割や財政及び租税の役割が大きいと考えました。そこで私は，国民生活を財政の面から支援するということに着目し，経済協力費，中小企業対策費，エネルギー対策費，食料安定供給関係費について重点的に配分する方針を決めました。これらの項目は，他の項目に比べて規模が小さいので思い切って大きくしても（例えば，倍増）全体に対する影響は少ないと思いました。額の大きい社会保障費を今は少し削って，これらの重点項目に振り分けたいと思います。

今回の学習活動を通じ，財政の面から国民生活の安定や安心した暮らしをつくることができるということを実感し，実際の財政をよく見ていきたいと思います。

B評価の基準を満たしている上に，「ウクライナとロシアの問題が長期化する中で世界はこれまでにない物価高，エネルギー不足とそれに伴う企業の経営難が起こっています。これらはすでに私たちの国民生活にまで直接的な影響を及ぼすようになってきました。年に何回もの価格の値上げや夏冬における節電要請，中小企業の経営難による倒産や失業問題などこれらは悪循環のサイクルのようにつながって，国民生活を圧迫しています」という表現もあり，その配分理由や重点について今の社会状況や国民のニーズ，将来のよりよい日本の姿などを明確に示していると判断できるのでA評価とした。

②評価基準Bの具体例

私は予算編成にあたり，ウクライナ情勢について着目しました。その影響によって国民生活が圧迫されています。今，日本はとても大変な状況になっていると思います。そこで私は，ウクライナ情勢の影響が大きいと考えられる経済協力費，中小企業対策費，エネルギー対策費，食料安定供給関係費について重点的に配分する方針を決めました。これらの項目へは，額の大きい社会保障費から今は少し削った分を振り分けたいと思います。今回の学習活動を通じ，財政の面から国民生活の安定や安心した暮らしをつくることができるということを実感し，実際の財政をよく見ていきたいと思います。

B評価の基準は満たしているが，具体的な表現や今の社会状況や国民のニーズ，将来のよりよい日本の姿などを明確に示した部分が見られないためB評価とした。

デジタル意見交換会に参加して，死刑制度の是非について考えよう

1人1台端末活用のポイント

本単元では，インターネットなどで死刑制度についての情報を集めて吟味し，それを基に構築した自身の意見を Google スライド1枚にまとめ，コメント機能を使って意見交換を行う。アナログで共有するには多大な手間がかかるが，クラウドのアプリケーションを使えば容易にできることが魅力だ。

また，有用な情報を収集・整理し，それを基にして自身の意見を構築する，また，もらったコメントを踏まえて自身の意見を再構築するといった思考活動を効率的に手助けする点でも ICT 機器の活用は効果的である。

単元の目標

本単元は，個人の尊重と法の支配，民主主義など，法に基づく民主政治の基本となる考え方に関する知識を基に，政治及び法に関する様々な事象を捉え，考察し，表現することができる適切な問いを設け，それらの課題を追究したり，解決したりする活動を通して，日本国憲法の基本的な考え方及び我が国の政治が日本国憲法に基づいて行われていることの意義について深めることができるようにすることを主な目標としている。

単元の評価規準

知識・技能
・人間の尊重，法に基づく政治の大切さ，日本国憲法の基本的原則と様々な人権規定の仕組みや内在する課題などについて理解している。
思考力・判断力・表現力
・対立と合意，効率と公正，個人の尊重と法の支配，民主主義などに着目して，日本国憲法が規定する人権規定の意義や我が国の政治が日本国憲法に基づいて行われていることの意義について，多面的・多角的に考察し，表現している。
主体的に学習に取り組む態度
・個人の尊重と法の支配，民主主義など，法に基づく民主政治の基本となる考え方や日本国憲法の基本的原則などについて，現代社会に見られる課題の解決を視野に主体的に社会に関わろうとしている。

単元の指導計画

時	主な学習活動	評価
1	**◆基本的人権と日本国憲法** 世界や日本の人権保障の歴史過程を踏まえながら，日本国憲法における基本的人権の保障の仕組みを理解する。	・人間の尊重についての考え方を，基本的人権を中心に深め，日本国憲法における基本的人権の保障の仕組みを理解している。(知技)
2	**◆自由権** 個人の尊重や民主主義などに着目しながら，日本国憲法に規定された自由権の仕組みや内容について理解する。	・民主主義は，個人の尊重を基礎としてすべての国民の自由が保障されていることが重要であることを理解している。(知技)
3	**◆死刑制度の是非①** インターネットなどを活用して有用な情報を収集・整理し，死刑制度の是非について判断し，自身の意見を構築する。	・対立と合意，効率と公正，個人の尊重と法の支配，民主主義などに着目して，日本国憲法が規定する人権規定の意義について，多面的・多角的に考察し，表現している。(思判表)
4	**◆死刑制度の是非②** 構築した意見を共有し，他者の意見やコメントを参考にしながら，自身の判断や意見を深める。	・対立と合意，効率と公正，個人の尊重と法の支配，民主主義などに着目して，日本国憲法が規定する人権規定の意義について，多面的・多角的に考察し，表現している。(思判表)
5	**◆平等権と差別問題** 日本国憲法における平等権の規定について理解するとともに，差別問題の解決に向けての態度を養う。	・日本国憲法が規定する平等権について，現代社会に見られる課題の解決を視野に主体的に社会に関わろうとしている。(態度)
6	**◆社会権** 歴史学習の成果を生かしながら，日本国憲法における社会権の意義や課題について理解する。	・社会の発達と自由権規定の限界に着目しながら，社会権の意義や課題について理解している。(知技)
7	**◆人権を守る** 基本的人権の維持のためには，国家権力などから人権を守る規定が必要であることを理解する。	・基本的人権を維持していくための権利だけでなく，国民が果たす義務についても理解している。(知技)
8	**◆新しい時代の人権** 基本的人権の規定が社会の変化に伴って発展していくことの必要性について理解する。	・日本国憲法の人権規定について，現代社会に見られる課題の解決を視野に主体的に社会に関わろうとしている。(態度)

授業展開例（第３・４時）

（１）パフォーマンス課題

中学３年生となってしばらくしたある日の公民の授業中に，教育委員会が主催する「○○区中学生デジタル意見交換会」のチラシが配られました。この意見交換会は，教育委員会が域内の中学３年生を対象に賛否両論ある現代日本の社会的な課題をテーマにして，無作為に賛否半数ずつに分けられた参加者がその主張を交換する中で，テーマについての考えを深めようという教育企画です。

第１回のテーマは「死刑制度の是非」です。

公民の授業ではちょうど自由権の学習を終え，死刑制度についてもその課題となっている点を学んだばかりでした。公民担当の先生は，「今回のテーマは死刑制度で，ちょうど授業でも学習したばかりじゃないか。ちょうどいい機会だから本校の３年生は全員この意見交換会に参加することとしたぞ。デジタルで意見を送るだけだから手間もかからないし，調べる時間はちゃんと公民の授業時間を使えるようにするから安心しろ。意見交換会を終えた後の最終的な自身の意見は全員提出とするから頑張れよ。死刑制度についての様々な意見を多面的・多角的に考察しながら深められた意見を期待しているよ」と満面の笑みで話しています。

少々気のりはしませんが，最終的な意見が全員提出となるのでは仕方がありません。あなたは「死刑制度ねぇ。日本で死刑は法律に基づいた制度だけど確かに廃止している国も多かったよなぁ」と思いながら先日学習した教科書のページを開き，死刑制度について考え始めました。

（２）ルーブリック

	パフォーマンスの尺度（評価の指標）
A	・有用な情報，他者の意見やコメントを有効活用しながら死刑制度の是非について論理的に判断し，自身の意見を詳しくまとめている。
B	・有用な情報，他者の意見やコメントを参考にしながら死刑制度の是非について論理的に判断し，自身の意見をまとめている。
C	・有用な情報，他者の意見やコメントを活用できていなかったり，死刑制度の是非についての意見を論理的にまとめていなかったりする。

（３）授業の流れ

①導入

まず前時の自由権の学習を振り返り，個人の自由は憲法で守られている基本的人権であることや生命・身体の自由についての規定がある中で死刑制度の是非が論議されていることに触れる。そして，死刑制度に関する賛否調査を Google フォームで実施し結果をグラフ化して学級内での現状を捉えさせる。

ちなみに，令和元年度内閣府世論調査では「死刑は廃止すべきである」との回答は9％，「死刑もやむを得ない」との回答は80.8％，「わからない・一概に言えない」との回答が10.2％であった。

②展開

学級を自身の考えと関係なく，教室の座席で中央から二分するなど無作為に存置，存廃の2つに分ける。無作為に分けるのは，ディベートの手法と同様に自分の考えと違う意見となるほど，意見を構築していく中で自身の考えと異なる部分に気付けることが多いからである。最終的な自身の意見を構築する際に考えがより深まることをねらっている。

また，学級内で存置・存廃の数があまりにも偏ってしまうと，少ない方の考えに触れる機会が少なくなったり，多数派のバイアスがかかってしまったりするので，存置・存廃を同数にしておきたいからである。

自身の担当が決まったら，その考えを裏付ける理由を，インターネットなどを活用しながら構築していく。ここではいかに論理的に自身の意見を裏付けられるかに留意させる。多面的・多角的に考察させたい。表現ではグラフなどの資料を活用させるのもいいであろう。意見をまとめるのに Google スライドを使うので，資料の挿入やレイアウトも自在である。ここまでが第3時の内容となる。

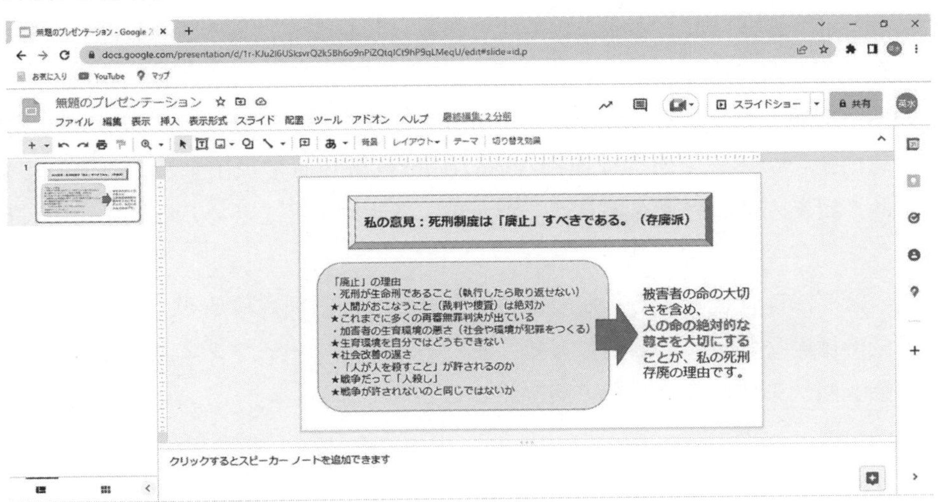

Google スライドで自分の考えをまとめる
（スライドだと行や列に影響を受けることなく自在な表現が可能である。
また，色や図形も自由に使えるため，幅広い表現が可能である）

第4時では，まず作成したスライドを共有し，他者の意見を読ませる。自分と同じ意見の人が示した新たな理由の発見や自分と違う意見の人の理由に対する指摘など，感じたことをコメントで入れていく。また，付けられたコメントを見ながら自身の考えの補完や深化を進めていく。

Google スライドにまとめた意見を共有し，お互いにコメントを付ける場面
（クラウドによるアプリケーションを使えば，意見などの共有が容易にできる）

③まとめ

授業の終盤で，賛否調査を再度行う。調査の結果を見て，初回の調査からどれだけ意見が変化したかに着目させる。時間があるなら変化した人，しなかった人の数を確認したり，思考を終えての感想などを聞いたりしてもいいだろう。

そして，学習を通じて最終的な自身の考えを書かせる。この活動は，時間があれば授業内でもいいし，時間がないようであれば後日 Google Classroom に提出することとしてもいい。大切なことは，授業内での思考を振り返りながら，考えや学びを深める時間を十分に確保することである。

なお，この指導法は賛否両論ある他の社会的な課題（夫婦別姓の是非，大きな政府か小さな政府か，原発再稼働など）に変えても実施可能であり，パフォーマンス課題の「デジタル意見交換会」の第2回，第3回などとして実施することができる。

成果物の具体例と評価のポイント

①評価基準 A の具体例

私は死刑存廃の立場で意見を述べましたが，学習を通じてさらに存廃の考えが深まりました。私が存廃の考えをもっている理由は，まず，死刑が他の刑罰と違って生命刑であることです。その判断を，司法とはいえ人が行っていいということに対する疑問がぬぐえません。また，人は間違うことがあります。犯罪捜査や裁判所の判断は絶対と言い切れるのでしょうか。死刑判決が確定した事件の再審請求が認められ無罪判決が確定しているという事実があることはとても大きいと思います。また，他の存廃派の人の意見の中に死刑判決が出されるような重大事件の加害者は生育環境が悪いという事例が多く見られるというものがありました。永山事件もその一つではないでしょうか。

私は永山事件についてインターネットで調べてみました。犯したことはその通りなのかもしれませんが，加害者の生い立ちや獄中での心境の変化などを見ていくと，死刑存廃の考えに通じるものが感じられました。さらには，「人が人を殺してはいけない」ということです。これは究極の真理ではないかと思います。被害者の心境に寄り添うべきとのコメントをもらいましたが，その思いは理解できます。でも「戦争はいけない」と同様に「人が人を殺してはいけない」ということが超越した真理にならないと，本当の幸せな社会はやってこないのかと思います。被害者の命の大切さを含め，人の命の絶対的な尊さを大切にすることが，私の死刑存廃の理由です。

「死刑判決が出されるような重大事件の加害者は生育環境が悪いという事例が多く見られる」という他者の意見から永山事件を例にさらに詳しく調べたり「人が人を殺してはいけない」という真理に触れたりするなど，B 評価の基準を大きく上回り，他者の意見やコメントを上手に活用しながら，自身の考えを率直に述べている回答であるので，A 評価とした。

②評価基準 B の具体例

私は元々死刑存置の考えでいましたが，今回の学習を通じて死刑存廃の考えに代わりました。その理由は，私が死刑存置の理由として死刑制度があることによる重大な犯罪の抑止効果があることを述べましたが，〇さんからのコメントで死刑制度の重大な犯罪の抑止効果は，実際にはそれほどなく，逆に死刑を求めることを理由に重大な犯罪が行われてしまっていることの方が多いことを指摘されました。改めて調べてみると，〇さんの指摘は正しいことがわかり，もう一度考え直してみることにしました。他にも存廃派の人たちの意見は説得力のあるものが多く，最終的に自身の考えが死刑制度の存廃に傾きました。

自身の考えが〇さんのコメントから変化していく過程を具体的に示しながら，自身の考えを率直に述べてはいるが，「コメントを有効活用」や「自身の意見を詳しくまとめている」という段階には至っていないと判断し，B 評価とした。

政見放送の動画をつくって，自身の政策を訴えよう

1人1台端末活用のポイント

本単元では，国会を中心とする我が国の民主政治の仕組みや政党の役割，議会制民主主義の意義，多数決の原理とその運用の在り方などについて一通り学習した後，単元の体感的な総括として模擬的に選挙への立候補及び投票活動を実施する。そのための動画作成及び共有と視聴，Google フォームによる電子投票を行う。動画作成では，3分間の動画に自分の思いや主張をまとめる過程で，身近な政治問題への関心を高め，考察し，その結果を表現する力の育成をねらう。また，メディアリテラシーの重要性についても実感させる。電子投票では，実社会でも検討されているメリットとデメリットを実感し，その是非について考えるきっかけとしたい。

単元の目標

対立と合意，効率と公正，個人の尊重と法の支配，民主主義などに着目して，課題を追究したり解決したりする活動を通して国会を中心とする我が国の民主政治の仕組みや政党の役割，議会制民主主義の意義，多数決の原理とその運用の在り方，日本の選挙制度，世論とメディアリテラシーなどについて理解するとともに，対立と合意，効率と公正，個人の尊重と法の支配，民主主義などに着目して，民主政治の推進と，公正な世論の形成や選挙などの国民の政治参加との関連について多面的・多角的に考察，構想し，表現し，民主政治と政治参加について，現代社会に見られる課題の解決を視野に主体的に社会に関わろうとする態度を養う。

単元の評価規準

知識・技能
・国会を中心とする我が国の民主政治の仕組みや政党の役割，議会制民主主義の意義，多数決の原理とその運用の在り方について理解している。
思考力・判断力・表現力
・対立と合意，効率と公正，個人の尊重と法の支配，民主主義などに着目して，民主政治の推進と，公正な世論の形成や選挙などの国民の政治参加との関連について多面的・多角的に考察，構想し，表現している。
主体的に学習に取り組む態度
・民主政治と政治参加について，現代社会に見られる課題の解決を視野に主体的に社会に関わろうとしている。

単元の指導計画

時	主な学習活動	評価
1	**◆民主政治とは何か** 主権者である国民の幸福を実現するための民主政治の在り方について追究し，議会制民主主義の意義や国民の代表者である国会議員の役割や責任を理解する。	・議会制民主主義の意義や国民の代表者である国会議員の役割や責任について理解している。（知技）
2	**◆政治参加と世論** 議会制民主主義の中での国民の政治参加の仕組みについて追究し，世論と政治を結ぶマスメディアの役割やメディアリテラシーの重要性などを理解する。	・世論と政治を結ぶマスメディアの役割やメディアリテラシーの重要性などについて理解している。（知技）
3	**◆選挙の意義と仕組み** 議会制民主主義の中で選挙の意義について，国民主権と関連付けながら追究し，主権者である国民の政治参加への基礎となる選挙制度について，その仕組みや課題，選挙権及び被選挙権の重要性を理解する。	・主権者である国民の政治参加への基礎となる選挙制度についてその仕組みや課題，選挙権及び被選挙権の重要性について理解している。（知技）
4	**◆政党の役割と政党政治** 民主政治における政党の役割や現代日本における政党の実態と課題などを理解する。	・民主政治における政党の役割や現代日本における政党の実態と課題などについて理解している。（知技）
5	**◆選挙に立候補しよう** ・学級内を6班に分け，それぞれを政党と仮定して「日本の中学校教育をどのように改善していくか」という選挙の争点に対する大まかな方針を決める。 ・各班で決定した方針に基づき，自身の改革案を現実的，論理的に考え，3分間の動画で収録し，政見放送動画を作成する。	・対立と合意，効率と公正，個人の尊重と法の支配，民主主義などに着目して，民主政治の推進と，公正な世論の形成や選挙などの国民の政治参加との関連について多面的・多角的に考察，構想し，表現している。（思判表）
6	**◆選挙で投票しよう** ・各班で班員の政見放送動画を見て，代表の立候補者を決め，各班から選出された立候補者の政見放送動画を見て，Google フォームで投票を行い，当選者を決める。 ・選挙シミュレーションを振り返り，実際の政治と連結させながら，議会制民主主義，多数決の原理，政党政治，選挙制度などの意義や重要性を再確認する。	・民主政治と政治参加について，現代社会に見られる課題の解決を視野に主体的に社会に関わろうとしている。（態度）

授業展開例（第５・６時）

（１）パフォーマンス課題

あなたは若手政治家です。あなたの所属する政党の中では，特に教育分野を中心に政治活動を行ってきました。そのような中，日本の中学校教育が争点となって衆議院が解散となり衆議院議員選挙が行われることとなりました。あなたは教育問題が争点ということもあって所属政党の公認候補として立候補することを決意しました。

まずは所属政党の公認候補となって，小選挙区選挙に立候補しなければなりません。あなたは，様々な選挙運動の中でも政見放送に力を入れることにしました。３分間の政見放送の中で，自身の熱い思いや政策を訴えます。あなたが立候補を希望している小選挙区には，他にも立候補希望の政治家がいます。他の立候補希望者の中から党の公認候補となる必要があります。公認候補となればいよいよ小選挙区選挙です。他の政党から立候補している公認候補と戦います。あなたの熱意と政策が多くの人々の心に響き，小選挙区選挙で当選できるでしょうか。

あなたはさっそく，所属政党の若手政治家勉強会で学んだ民主政治や選挙制度の意義，国民の政治参加としての被選挙権を行使する意味を振り返り，より現実的で説得力のある中学校教育の在り方を整理し始めました。

（２）ルーブリック

	パフォーマンスの尺度（評価の指標）
A	・民主政治や選挙制度の意義，国民の政治参加としての選挙権や被選挙権を行使する意味を十分に理解した上で，日本の中学校教育の改善について，実現可能な現実的なものであり，論理的に説得力のある公約として特に優れた部分が見られる公約である。
B	・民主政治や選挙制度の意義，国民の政治参加としての選挙権や被選挙権を行使する意味を理解した上で，日本の中学校教育の改善について，実現可能な現実的なものであり，論理的に説得力のある公約である。
C	・民主政治や選挙制度の意義，国民の政治参加としての選挙権や被選挙権を行使する意味の理解が不十分であったり，日本の中学校教育の改善について，現実性や論理性が不十分であったりする公約である。

※生徒が作成した政見放送動画に対して設定したルーブリックである。政見放送動画の評価は，単元全体の評価を実施する際の一つの評価材料として活用する。

（3）授業の流れ

①導入

第５・６時は，前時までに学習してきた国会を中心とする我が国の民主政治の仕組みや政党の役割，議会制民主主義の意義，多数決の原理とその運用の在り方，日本の選挙制度，世論とメディアリテラシーなどを，所属政党の公認候補となって小選挙区選挙に立候補し，実際に投票を実施するという模擬選挙を行う中で体感的に理解し，対立と合意，効率と公正，個人の尊重と法の支配，民主主義などに着目して，民主政治の推進と，公正な世論の形成や選挙などの国民の政治参加との関連について多面的・多角的に考察することを目指して構成した。

第５時の冒頭でパフォーマンス課題を示し，第５時及び第６時の流れを説明する。その後，学級を６つのグループに分け，それぞれを独立した政党と仮定して「日本の中学校教育をどのように改善していくか」という選挙の争点に対する大まかな方針を決めさせる。方針は「部活動の地域移行を積極的に進める」「35人学級を早期に実現する」というくらいのレベルである。あまり細かく決めてしまうと個人での政策が考えにくくなるので，設定された選挙の争点が様々にもつ課題の中から各党が政策を考える課題を選ぶくらいがよい。

なお，ここに示した選挙の争点はあくまでも例であり，学校や生徒の状況，授業者の意向によって別のものでもかまわない。多様な考えが出てくるような事例で設定する。

②展開

各グループで方針が決まったら，それに基づいて自身の政策を考えさせる。このとき，ルーブリックを必ず示す。ルーブリックは，学習課題の作成にあたっての目標でもあるので，生徒に何を意識して課題に取り組むのかを明確に伝えることが大切である。考えを整理するのにワークシートがあった方が便利だろう。ワークシートは紙でもデジタルでも，どちらでもよい。紙だと後で見直すときや動画作成時で手軽に使える利点があるが，デジタルだと後での追加や修正が手軽で授業者が確認したり提出させたりするのには便利である。デジタルとアナログの利点を比較して選択してほしい。

第５時の活動はここまでで，政見放送動画の撮影は授業時間外で実施させる。この方が動画作成の時間が十分に確保され，その時間の中で試行錯誤したり，自身の考えを深めたりすることができる。第６時までの時間があまりない場合は，別の単元の授業を進めておき，生徒の作成時間を十分確保した後，第６時だけを本単元から切り離した形で設定することも可能である。

第６時では，作成した動画をグループ内で見合うことから始める。ルーブリックにしたがい，誰が政党の公認候補としてふさわしいかを議論させる。この議論は相互評価の意味をもち，評価シートを準備しておいて記録させておくと，授業者の評価材料としても生かせるだろう。作成した動画は，Google Classroom の機能を使って提出，共有しておくと授業者の管理や相互評価の場面で有効である。

各党の公認候補が決まったら，いよいよ小選挙区選挙である。学級を1つの選挙区と見立て立候補者以外の生徒が有権者という設定とする。立候補者の政見放送動画を見て，Googleフォームで投票する。このときにこれまで学習してきた選挙制度やメディアリテラシーを生かしてよりよい選挙のあるべき姿について考えさせたい。また，Googleフォームで投票することは，電子投票の利点や課題に気付かせるきっかけにもなる。授業者は模擬投票を行うにあたって，そこに含まれる学習の機会をしっかりと見極め，民主政治学習のための有効な仕掛けを用意してほしい。

③まとめ

選挙シミュレーションを振り返り，実際の政治と連結させながら，議会制民主主義，多数決の原理，政党政治，選挙制度などの意義や重要性を再確認する。生徒の感想をうまく使い，生徒の実感や発見を大切にしながら進める。そして，民主政治の意義，政党や選挙制度の意義，国民の政治参加としての選挙権及び被選挙権を行使する意義を十分に理解させて単元の学習を終了する。評価にあたっては，単元の学習の中で記録したワークシートや政見放送動画の他に単元末でのアンケートや感想文などを実施しておくと，総括的な生徒の学びの姿を見取ることができる。

政権放送動画では，1人1台端末の動画撮影機能を使って撮影する。党名及び候補者名のカードをつくっておくと選挙という雰囲気が出るだろう。この政見放送の手法は，授業のみならず生徒会役員選挙などのときにも応用できる。校内のモニターを使って選挙期間中流しておくとよい。

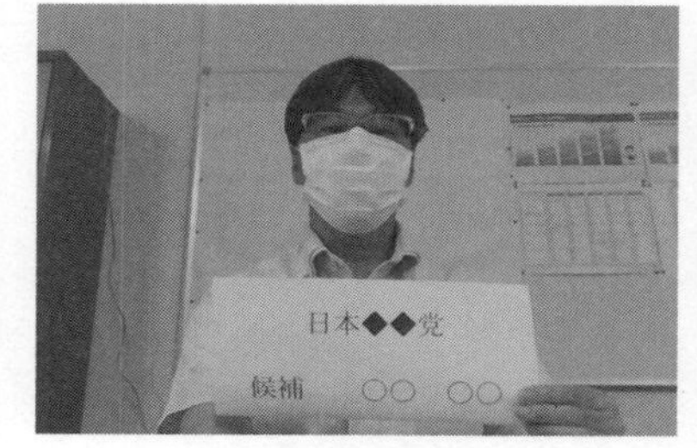

政権放送動画

学級ごとに投票のフォームを作成しておき，生徒に投票させる。投票の状況はリアルタイムで集計画面に表示される。このように電子投票は投票も集計も素早く便利ではあるが，秘密選挙の保持や投票の改ざんなどの問題点にも触れ，その是非についても考えさせたい。

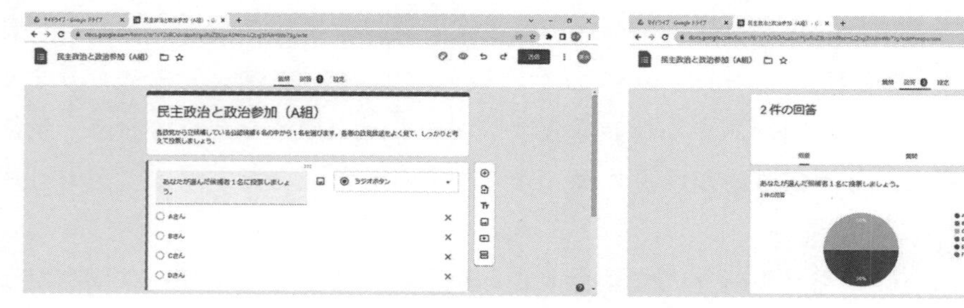

Googleフォームでの投票

成果物の具体例と評価のポイント

①評価基準Aの具体例（政見放送動画の主旨）

私は，日本の中学校教育に関する課題の中でも，特に部活動の地域移行問題が重要であると考えています。なぜならば，部活動は，授業での学びにはない生活と結び付く学びが経験できるからです。教員の働き方改革が求められる中で地域人材に運営を委ねることは一つの解決策であると考えます。

地域移行にとっての問題は報酬財源の確保です。この巨額な費用こそ国が対応すべきです。学校や自治体にだけ任せるのではなく，国家財政を駆使して対応することが必要です。全国１万校の中学校に１校当たり年間30万円として30億円を確保することこそ，国会議員の使命ではないでしょうか。10兆円を超える一般会計の規模から考えれば，この数字は実現可能な数字です。

あなたの一票が国を変え，地域を変え，学校を変え，中学生の学校生活を変えるのです。あなたの一票は政治参加への第一歩です。ぜひ私と一緒に日本の政治を変えましょう。

B基準を満たした内容であるという判断の上に，財源確保にあたっての具体的なプランを示していたり，「あなたの一票が国を変え，地域を変え，学校を変え，中学生の学校生活を変えるのです。あなたの一票は政治参加への第一歩です」から選挙権の意味を深く理解していると判断しA評価とした。

②評価基準Bの具体例（政見放送動画の主旨）

私は，日本の中学校教育に関する課題の中でも，特に部活動の地域移行問題が重要であると考えています。学びは授業だけではありません。むしろ授業以外のところでの学びが実社会の生活と直結するということが多いのではないでしょうか。しかし，教員の働き方改革が求められる中で部活動運営をどのようにするかというとき，地域移行の重要性が見えてきます。

外部指導員の先生は地域の方々が多いです。指導する競技を愛し，地域や地域の中学生を愛する心で部活動運営を手伝ってくださっています。こういった方々は地域に意外とたくさんいます。その人たちの思いに頼ってみてもいいのではないでしょうか。

私が当選できたならば，この課題と解決策を国会に届けます。報酬を何とか予算化し，国家を挙げて部活動の地域移行を実現させます。部活動を充実させることは，中学校教育を充実させることと確信し，この課題解決に取り組みますので，清き一票をお願い致します。

争点について実現可能な現実的な内容であり，「部活動を充実させることは，中学校教育を充実させることと確信し，この課題解決に取り組みます」という発言から民主政治や選挙制度の意義，国民の政治参加としての選挙権や被選挙権を行使する意味を理解していると判断しB評価とした。

課題や対策を考察し，国際社会における日本の役割を構想しよう

1人1台端末活用のポイント

本単元では，意見の共有と思考の整理を効率よく行うためにGoogle Jamboardを使用する。この自由度の高さを生かして，生徒の思考や協働を円滑に行うことをねらう。今回の単元での利用では，次のような利点がある。①考えた意見を付箋に短文で書いて貼るので思考の全体像が一目でわかる。②出された意見（付箋）を結ぶことで，それぞれの関連性が見えてくる。③紙やホワイトボードと違って自由に動かすことができるのでGoogle Jamboard上が混乱しにくい。④付箋や線の色をグループのメンバーそれぞれに割り当てることによって，個々の生徒の発言の内容や数，思考の過程などを把握しやすい。

単元の目標

世界平和の実現と人類の福祉の増大のためには，国際協調の観点から，国家間の相互の主権の尊重と協力，各国民の相互理解と協力及び国際連合をはじめとする国際機構などの役割が大切であることを理解するとともに，対立と合意，効率と公正，協調，持続可能性などに着目して，日本国憲法の平和主義を基に，我が国の安全と防衛，国際貢献を含む国際社会における我が国の役割について多面的・多角的に考察，構想し，表現し，世界平和の実現と人類の福祉の増大について，現代社会に見られる課題の解決を視野に主体的に社会に関わろうとする。

単元の評価規準

知識・技能
・世界平和の実現と人類の福祉の増大のためには，国際協調の観点から，国家間の相互の主権の尊重と協力，各国民の相互理解と協力及び国際連合をはじめとする国際機構などの役割が大切であることを理解している。
思考力・判断力・表現力
・対立と合意，効率と公正，協調，持続可能性などに着目して，日本国憲法の平和主義を基に，我が国の安全と防衛，国際貢献を含む国際社会における我が国の役割について多面的・多角的に考察，構想し，表現している。
主体的に学習に取り組む態度
・世界平和の実現と人類の福祉の増大について，現代社会に見られる課題の解決を視野に主体的に社会に関わろうとしている。

単元の指導計画

時	主な学習活動	評価
1	**◆主権国家のルール** 主権国家の意義や仕組み，国際社会のルールなどを基に，国家間の相互の主権の尊重と協力が大切であることを理解する。	・国際協調の観点から，国家間の相互の主権の尊重と協力が大切であることを理解している。（知技）
2	**◆主権と領土問題** 日本の領土問題を取り上げ，国際ルールや我が国固有の領土としての事実を基に，国家間の相互の主権の尊重と協力が大切であることを理解する。	・国際協調の観点から，国家間の相互の主権の尊重と協力が大切であることを理解している。（知技）
3	**◆国際連合と日本** 国際連合の意義や仕組みと役割を取り上げ，国際連合をはじめとする国際機構などの役割や日本が果たすべき役割が大切であることを理解する。	・国際協調の観点から，国際連合をはじめとする国際機構などの役割が大切であることを理解している。（知技）
4	**◆世界で起こる紛争** 世界で起こる紛争の状況や性格とその課題を明らかにし，国際協調の観点から，各国民の相互理解と協力が大切であることを理解する。	・国際協調の観点から，各国民の相互理解と協力が大切であることを理解している。（知技）
5	**◆核兵器の問題** 世界の核兵器の状況や核廃絶に向けた取組などを取り上げ，我が国の安全と防衛，唯一の被爆国である我が国の役割について多面的・多角的に考察，構想し，表現する。	・日本国憲法の平和主義を基に，我が国の安全と防衛，唯一の被爆国である我が国の役割について多面的・多角的に考察，構想し，表現している。（思判表）
6	**◆国際社会の課題** 国際社会の課題とその現状を明らかにし，国際協調の観点から，各国民の相互理解と協力が大切であることを理解する。	・国際協調の観点から，各国民の相互理解と協力が大切であることを理解している。（知技）
7	**◆国際社会における日本の役割** 国際社会の課題や日本の役割と具体的な行動を整理し，国際貢献を含む国際社会における我が国の役割について多面的・多角的に考察，構想し，表現している。	・日本国憲法の平和主義を基に，我が国の安全と防衛，国際貢献を含む国際社会における我が国の役割について多面的・多角的に考察，構想し，表現している。（思判表）

授業展開例（第７時）

（１）パフォーマンス課題

あなたは外務省の国際問題対策第１課の課長です。今は国会が開かれており，そこで外務大臣は野党の議員から国際社会における日本の役割について答弁を求められています。そのようなとき，あなたは外務事務次官から呼ばれてこのような話をされました。

「外務大臣が国会で，様々な国際的な課題に対して我が国がどのように対応していくのかといった国際社会における日本の役割について答弁を求められているのを知っているだろう。外務省では答弁にあたっての基礎資料を早急に作成することになった。そこで君の管轄部署でその基礎資料の作成をお願いしたい。手順としては，君の部署で，①国際社会における課題を明らかにし，②日本の役割について検討して，③具体的な行動を考えるのだ。そしてその成果を基にして課長である君が１つの課題をピックアップしてその課題に対する国際社会における日本の役割について考えを論述してほしいのだ。論述は第１課以降の課長にも頼んである。それらを基にして大臣答弁を作成するものとする。ピックアップされた課題に対して，できるだけ具体的に論じてほしい。よろしく頼むよ」

事務次官は，君の肩に手を置いてからその場を去っていきました。

あなたは，国際問題対策第１課に戻って課の職員にこの話をすると，さっそく基礎資料づくりに取りかかります。まずは，これまでに対応してきた，主権国家の在り方や領土問題，国際連合と日本との関わりや国際紛争と核兵器問題などについての資料を振り返り，国際社会の課題と国際社会における日本の役割についての検討を始めたのでした。

（２）ルーブリック

	パフォーマンスの尺度（評価の指標）
A	・単元の学習の成果や協働，議論した成果を具体的に生かして，対立と合意，効率と公正，協調，持続可能性などに着目しながら設定した課題に対する国際社会における日本の役割について実現性のある自分の考えを主体的に論述している。
B	・単元の学習の成果や協働，議論した成果を生かして，対立と合意，効率と公正，協調，持続可能性などに着目しながら設定した課題に対する国際社会における日本の役割について自分の考えを主体的に論述している。
C	・単元の学習の成果や協働，議論した成果の生かし方が不十分であったり，設定した課題に対する国際社会における日本の役割についての自分の考えが不十分であったりしている。

（３）授業の流れ

①導入

本時は単元の最終で，単元の学習をまとめる部分にあたるため，冒頭でこれまでの学習内容を振り返る。世界平和の実現と人類の福祉の増大というテーマで進めてきた単元の学習を，単位時間ごとに国際社会が抱える課題や解決に向けての努力をワークシートなどに整理する。整理する際には，箇条書きなどで書かせるなど，あまり時間をかけないようにするための工夫をしてほしい。あくまでも導入の課題として位置付ける。

②展開

その後，本時のパフォーマンス課題とルーブリックを示し，グループごとにGoogle Jamboardを使って国際社会の課題や日本の役割と具体的な行動を整理させる。Google Jamboardを使用する際は，はじめに各自の付箋と線の色を決めるよう指示する。これは，誰の考えや意見なのかをすぐに見分けるためである。この色を見て，意見の少ないメンバーに声かけをさせたり，評価の際に個人の特定に使用したりする。

Google Jamboardには，①国際社会における課題，②日本の役割，③具体的な行動という項目を立て，項目ごとに付箋で考えたことを貼っていく。付箋を書く際には，短い言葉を使い要点を絞って記入させる。貼っていきながら，似たようなものは1つの付箋にまとめたり，位置を変えたりするなど，付箋を活用しながら思考を深めさせていく。

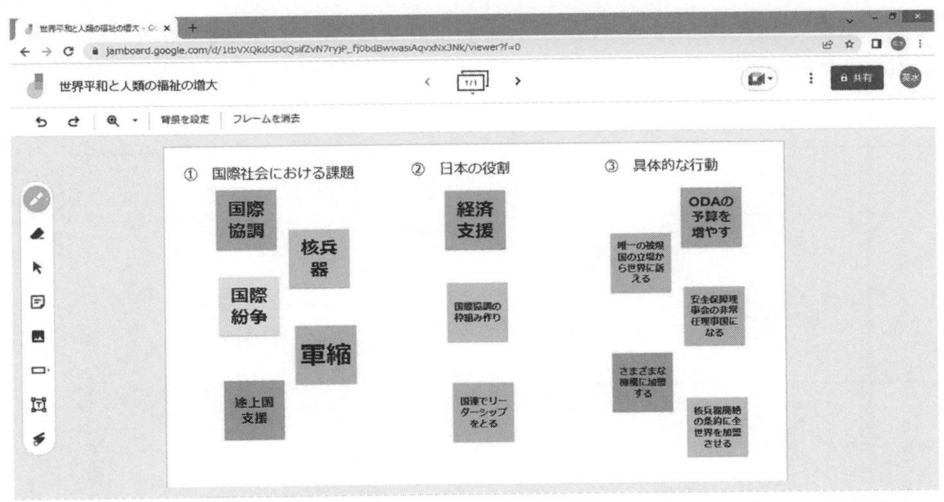

Google Jamboardで検討している場面①：グループのメンバーが考えたことを付箋で貼る

意見がある程度出そろったら，それぞれの付箋の関連があるものを線でつなげさせる。つないでいきながら，新たな考えが出てきたならば付箋を追加させる。これらの活動を通じて，①国際社会における課題，②日本の役割，③具体的な行動という流れの中で，国際社会における課題の把握と課題解決に向けての日本の役割や具体的行動について思考を深化，具体化させていく。

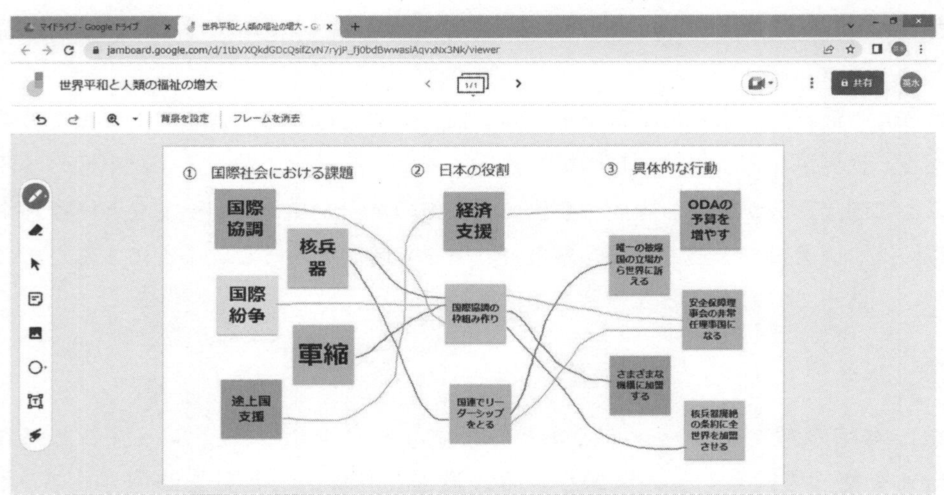

Google Jamboard で検討している場面②：全体を見渡し，関連するものを線でつなぐ

③まとめ

一連のGoogle Jamboardでの整理が終わったら，個人での論述に入るが，時間が取れれば学級全体で共有するとさらに考えが深まるだろう。画面を共有しながら，①国際社会における課題，②日本の役割，③具体的な行動という流れで，興味深いものを発表させたり，他者の意見として参考になるようなものを生徒に答えさせたりして学級全体での深まりの場面をつくる。

その後，Google Jamboardでの思考の整理を基にして生徒一人ひとりがそれぞれに決めた一つの課題に対する国際社会における日本の役割について自身の考えを論述する。論述にあたっては，Googleドキュメントを使用し，字数制限などの条件を設定する。

外務省国際問題対策・国会答弁用資料

①設定した国際社会での課題（　　　　　　　　　　　　　　　　　　　　　　）

②課題に対する国際社会における日本の役割
私が考えた課題に対する国際社会における日本の役割とは…………

Googleドキュメントでの論述用紙の例

成果物の具体例と評価のポイント

①評価基準Aの具体例

①設定した国際社会での課題（核兵器廃絶の問題）

②課題に対する国際社会における日本の役割

今，核兵器を保有している国は，世界に複数あり，核兵器の数は世界で万の単位を超えています。核抑止力と言われますが，これは課題の解決にはなりません。「目には目を」の理論に終わりはないということがグループでの協議の結論です。

そこで日本の役割ですが，日本は世界で唯一の被爆国という特質をもっています。被爆した方々も少なくはなってきていますがまだいらっしゃいます。この被爆国日本の役割は大きいものだと思います。国際的な枠組みというしがらみもありますが，ここは核廃絶を訴えることが優先なのではないでしょうか。被爆国として世界に訴える，核廃絶の枠組みを日本がリードする，国際的な立場を利用して各国の首脳に働きかけることが大切です。また，経済的な支援もできるでしょう。核廃絶のための資金を日本が提供する。この税金の使い方は国民の理解も得られるはずです。日本国民が日本国として一つとなり，核廃絶を目指していくことが大切です。

具体的な実態を示しているとともに「国際的な枠組みというしがらみもありますが」とした現実的なことにも配慮しながら具体的な考えが述べられているのでA評価とした。

②評価基準Bの具体例

①設定した国際社会での課題（核兵器廃絶の問題）

②課題に対する国際社会における日本の役割

今，核兵器を保有している国は，世界に複数あります。その数は1国で5000発を超える国もある状況です。この数は核抑止力の考え方によって増えてきました。私のグループでは，この核抑止力についての議論が高まりました。確かにたくさんの核兵器を持っていて，何かあれば核攻撃を行うぞと言われれば攻める気持ちも減退するでしょう。しかし，その恐怖は，相手国以上の核保有によって解消しようとする心理を生みます。その連鎖によって核兵器の数は増え続け，万が一使用することになれば世界の終焉がおとずれます。つまり核抑止力は解決にはならないのです。

そこで日本の役割は大きいでしょう。日本は世界で唯一の被爆国だからです。核の恐怖と痛みを知っているのは日本だけですから，その言葉には重みがあると思います。各廃絶に向けての枠組みを日本がリーダーシップをとってつくり，そこから国際社会に訴えていくことが重要であると考えます。

B評価の基準は達しているものの，A評価の基準にある「実現性のある自分の考え」ということに関しては曖昧さがあるのでB評価とした。

卒業論文を公開し，社会科学習３年間の学びを広く共有しよう

１人１台端末活用のポイント

これまで本単元の授業では，自身の考えを最終的に紙媒体に記述させることが多かった。紙媒体では，収集した資料を加工して掲載させたり，紙面を構成したりするのに手間がかかり，また加工が難しくあきらめなければならないことも多かった。この問題を解決するのが１人１台端末の活用である。

デジタルで記述していけば，収集した資料の掲載や文章の構成，レイアウトの構想など，様々な面で工夫が可能である。さらに共有という面でGoogleサイトを活用したい。これは，生徒のデジタル作品を閲覧が許されたものは自由に見ることができるので，学びを共有していくのに大変便利である。公開にあたっては，学級や学年など指定した範囲内に限定した公開ができるので，個人情報等に関する点についても安心できる。また，公開した作品を生徒が更新した場合，その状況も反映される。

単元の目標

地理，歴史，公民の学習で得た知識を再確認して，その本質を深く理解するとともに，社会的な見方・考え方を働かせ，私たちがよりよい社会を築いていくために解決すべき課題を多面的・多角的に考察，構想し，自分の考えを説明，論述し，私たちがよりよい社会を築いていくために解決すべき課題について，現代社会に見られる課題の解決を視野に主体的に社会に関わろうとする。

単元の評価規準

知識・技能
・地理，歴史，公民の学習で得た知識を再確認して，その本質を深く理解している。
思考力・判断力・表現力
・社会的な見方・考え方を働かせ，私たちがよりよい社会を築いていくために解決すべき課題を多面的・多角的に考察，構想し，自分の考えを説明，論述している。
主体的に学習に取り組む態度
・私たちがよりよい社会を築いていくために解決すべき課題について，現代社会に見られる課題の解決を視野に主体的に社会に関わろうとしている。

単元の指導計画

時	主な学習活動	評価
1	**◆持続可能な社会を目指そう（主題設定）** 地理，歴史，公民の学習全般を振り返り，持続可能な社会を目指してという観点から，特に解決が必要であるという社会的な課題を選択し，卒業論文で追究する主題を設定する。	・私たちがよりよい社会を築いていくために解決すべき課題について，現代社会に見られる課題の解決を視野に主体的に社会に関わろうとしている。（態度）
2 3	**◆３年間の社会科学習を振り返ろう（情報整理）** 設定した主題に関して，地理，歴史，公民の授業で学習したことを振り返って整理するとともに，必要な資料の収集や設定した主題に対して不足している点やさらに追究することが必要な点について補足する。	・地理，歴史，公民の学習で得た知識を再確認して，その本質を深く理解している。（知技）
4 5	**◆自分の考えをねりあげよう（考察・構想）** 整理，収集した資料や追究した課題の要因や影響，現在までの課題解決の取組などを論理的につなぎ合わせ，そこからよりよい社会を築いていくために解決すべき課題について多面的・多角的に考察，構想し，自分の考えを説明，論述する。	・社会的な見方・考え方を働かせ，私たちがよりよい社会を築いていくために解決すべき課題を多面的・多角的に考察，構想し，自分の考えを説明，論述している。（思判表）
6	**◆論文を共有し，意見交換しよう（共有・探究）** Google サイトにアップされた卒業論文を共有し，お互いに意見交換をする中で私たちがよりよい社会を築いていくために解決すべき課題について，現代社会に見られる課題の解決を視野に主体的に社会に関わろうとする思いを高める。	・私たちがよりよい社会を築いていくために解決すべき課題について，現代社会に見られる課題の解決を視野に主体的に社会に関わろうとしている。（態度）

授業展開例（単元を通して）

（1）パフォーマンス課題

あなたは持続可能な社会研究所付属研修所の研修生です。あなたは持続可能な社会づくりを目指して持続可能な社会研究所に入所し，３年間の研修をいよいよ終えようとしているところです。研修所では，入所前の学校で学習してきたことを基にしながら地理的分野，歴史的分野，公民的分野それぞれについて，それぞれの見方・考え方を働かせながら社会的な課題について探究してきました。そして，研修所の卒業を踏まえ，恒例の卒業論文の作成に入りました。

あなたは，自身が使ってきたテキストやノート，ワークシートなどを見返しながらこれまで研修所で学んできた記録を振り返ります。その中から，特に解決が必要であるという社会的な課題を選択し，それぞれの分野で具体的な社会的な事象と正対しながら社会の特色を捉え，課題の追究を進めてきた成果を整理していきます。また，整理していく中で不足している点やさらに追究していかなければならないと考えた点について補足します。こうした整理の過程を経て，よりよい社会を築いていくために解決すべき課題について多面的・多角的に考察，構想し，自分の考えを説明，論述するのです。そして，完成した卒業論文は，卒業する研修生全体で共有する討論会が開かれ，様々な意見が交わされる白熱した会となりました。

討論会の最後に，研修所の所長から卒業していく研修生に向けての話がありました。

「３年間の研修を終えて，皆さんの立派に成長した姿を見ることは，私にとっての大きな喜びです。その成長を，これからの社会づくりにしっかりと役立てていってください。研修所の卒業は，ゴールではなくスタートです。皆さんは，４月から持続可能な社会研究所の正式な所員として，よりよい社会を築いていくために働いてもらうことになります。この研修所で学んだこと，考えたこと，協働したことを基礎とし，持続可能な社会の創り手として，社会の先頭に立って頑張ってほしいと思います。皆さんの活躍を期待しています」

（2）ルーブリック

	パフォーマンスの尺度（評価の指標）
A	・私たちがよりよい社会を築いていくために解決すべき課題について，多面的・多角的に考察，構想し，自分の考えを説明，論述するとともに現代社会に見られる課題の解決を視野に強い意志をもって主体的に社会に関わろうとしている。
B	・私たちがよりよい社会を築いていくために解決すべき課題について，多面的・多角的に考察，

	構想し，自分の考えを説明，論述するとともに現代社会に見られる課題の解決を視野に主体的に社会に関わろうとしている。
C	・多面的・多角的な考察，構想が不十分なものや主体的に社会に関わろうとする態度が不十分と判断される。

（３）授業の流れ

第１時

単元の流れを説明し，パフォーマンス課題を生徒に伝える。そして，Google ドキュメントで作成した卒業論文の指定用紙を Google Classroom で配信して課題への取組を始める。最初は，地理，歴史，公民の学習全般を振り返り，持続可能な社会を目指してという観点から特に解決が必要であるという社会的な課題を選択し，卒業論文で追究する主題を設定する。

第２・３時

設定した主題に関して，地理，歴史，公民の授業で学習したことを振り返って整理するとともに，必要な資料の収集や設定した主題に対して不足している点やさらに追究することが必要な点について補足する。このときに生徒各自で Google ドキュメントを開かせ，そこに得られた資料や気付きなどを自由に記録させる。この記録は，正式な卒業論文作成時にコピー＆ペーストして利用することができる。

第４・５時

整理，収集した資料や追究した課題の要因や影響，現在までの課題解決の取組などを論理的につなぎ合わせ，そこからよりよい社会を築いていくために解決すべき課題について多面的・多角的に考察，構想し，自分の考えを説明，論述する。このときに演繹法や帰納法などの手法も活用して論理的にまとめるよう指導し，文章の論理構造を大切にするようにさせる。また，資料の配置などレイアウトも工夫するよう指導する。

3年社会科：よりよい社会を目指して「卒業論文」

3年A組○番：氏名　○○　○○

論文タイトル（平和な世界をつくるためにすべきこと）

第二次世界大戦が終わって70年以上が過ぎた現在、我が国日本は戦争のない平和な社会となっている。しかし、本当に平和なのであろうか。我が国は戦争行為をしていないが、世界では残念ながら戦争状態の地域もある。勃発して半年以上過ぎたウクライナ侵攻がまさにそうだ。日本だけでなく、世界全体の平和は全人類の幸福である。この幸福を実現するために私たちは何をしていったらいいのだろうか。本論文では、中学校3年間の社会科学習の学びを生かして、私たちがすべきこれからの選択について考えていきたいと思う。

……………………………………………………………………

……………………………………………

Google ドキュメントの指定用紙を使って卒業論文を作成する

公民的分野

生徒の作品は，Google サイトにアップし共有する

Google サイトは Google が提供するホームページ作成サイトで，テンプレートや設定項目がたくさんあり，公開，共有といった場面では有効なツールである。また，掲載した生徒の作品は，生徒が更新するとサイト上の表示も更新されていくので，生徒の進捗状況も把握できる。生徒の作品を共有するとなると個人情報など，セキュリティーの問題が気になるが，Google サイトでは，学級や学年など指定した範囲内に限定した公開ができる。

第 6 時

Google サイトにアップされた卒業論文を学級で共有し，お互いに意見交換をする。意見交換では，以下のような 1 人 1 台端末を活用した展開例が考えられる。

・Google Jamboard の付箋機能を使って，考えを整理，分類する
・Google スプレッドシートで意見を集め，比較する
・Google フォームでよいと思ったものに投票し，それがなぜよかったかを議論する　など

また，あえてリアルな話合いの時間を設けてグループや学級内で討論させてもよい。直観的な部分ではアナログの方が，効果があるという場合もある。

意見交換が終わったら，中学校 3 年間の社会科学習を振り返る時間を設けていただければ幸いである。生徒は，地理，歴史，公民の学習を，個別の科目の学習として捉えているという場合が多いが，空間軸である地理，時間軸である歴史を踏まえて現代社会の仕組みが出来上がり，よりよい将来に向けて発展していくという社会科三分野の構造に触れながら，それぞれが密接に結び付いて将来の社会づくりにつながっているということをぜひ話してほしい。生徒たちの中学校社会科の学習はこれで終わるが，社会の一員としての社会の学びは永遠に続くのである。

成果物の具体例と評価のポイント

①評価基準 A の具体例（本文のみを掲載）

論文タイトル（平和な世界をつくるためにすべきこと）

第二次世界大戦が終わって70年以上が過ぎた現在，我が国日本は戦争のない平和な社会となっている。しかし，本当に平和なのであろうか。我が国は戦争行為をしていないが，世界では残念ながら戦争状態の地域もある。勃発して半年以上過ぎたウクライナ侵攻がまさにそうだ。日本だけでなく，世界全体の平和は全人類の幸福である。この幸福を実現するために私たちは何をしていったらいいのだろうか。本論文では，中学校３年間の社会科学習の学びを生かして，私たちがすべきこれからの選択について考えていきたいと思う。

（中略：地理や歴史，公民の学びを記述）

人が生きていくために最も必要なものは命だ。だからこそ命は尊いものである。自分の命がそうであるならば，他の人の命も同様であろう。この単純明快なロジックを人々は理解していない。どのような理由があっても人が人の命を奪うことは許されない。このことを皆が声をあげて表明することが大事だ。それぞれの立場から表明すべきだ。生徒は学校で，人々は地域で，そして政治は政治の場で。あきらめずに訴え続けること，すべてのベクトルを平和に向けることこそが大切だと私は思う。

平和維持という主題に対して B 評価の基準を満たした上で，前段で平和に関する現状への問題意識，後段で人が人の命を奪うことへの強い否定と人が人の命を奪うことへの反対を，すべての人々がそれぞれの立場から訴えることの大切さを，実感を込めて論じており，「強い意志をもって主体的に社会に関わろうとしている」ことが読み取れるので A 評価と判断した。

②評価基準 B の具体例（本文のみを掲載）

論文タイトル（平和な世界をつくるためにすべきこと）

第二次世界大戦が終わり，世界は平和を様々なところで訴えてきました。その成果があり平和な世の中になりました。明日のことを心配せずにいられることは本当に平和なんだなと思います。しかし，そうではない地域があります。ウクライナがそうです。ニュースの映像を見ると，ほんとなのかなと疑ってしまうように思ってしまいますが，これは本当のことです。

（中略：地理や歴史，公民の学びを記述）

戦争の実態を知ることは広島・長崎に関する平和学習でも学びましたが，大切なことだと思います。一人ひとりがしっかりと学習し，平和について知ることが大切だと思いました。世界の人にもたくさんの事実を知ってほしいと思います。

自身の実感が表現され「主体的に社会に関わろうとしている」ことは読み取れるが，「強い意志をもって」という段階までは至っていないと判断し，B 評価とした。

【著者紹介】

中野　英水（なかの　ひでみ）

1970（昭和45）年，東京生まれ。東京都板橋区立中台中学校副校長。1993（平成５）年，帝京大学経済学部経済学科卒業。東京都公立学校準常勤講師，府中市立府中第五中学校教諭，板橋区立赤塚第二中学校教諭，主任教諭，主幹教諭を経て，2021（令和３）年度から現職。東京都教育研究員，東京都教育開発委員，東京教師道場リーダー，東京方式１単位時間の授業スタイル作成部会委員，東京都中学校社会科教育研究会地理専門委員会委員長，東京都中学校社会科教育研究会事務局長を歴任。現在，全国中学校社会科教育研究会事務局長，東京都教職員研修センター認定講師，日本社会科教育学会会員。

中学校社会サポートBOOKS

１人１台端末に対応した
中学校社会のパフォーマンス課題

2023年３月初版第１刷刊　©著　者　中　野　英　水
発行者　藤　原　光　政
発行所　明治図書出版株式会社
http://www.meijitosho.co.jp
（企画）赤木恭平（校正）高梨　修
〒114-0023　東京都北区滝野川7-46-1
振替00160-5-151318　電話03（5907）6701
ご注文窓口　電話03（5907）6668

＊検印省略　組版所　株式会社アイデスク

Printed in Japan　ISBN978-4-18-326723-8

もれなくクーポンがもらえる！読者アンケートはこちらから →